정리만 잘해도
성적이 오른다

다쓰미 나기사 지음 | **김 숙** 옮김

북뱅크

국립중앙도서관 출판시도서목록(CIP)

정리만 잘해도 성적이 오른다 : 머리가 좋아지는 정리정돈/
다쓰미 나기사 지음, 김 숙 옮김. -- 인천 : 북뱅크, 2009

  p. ; cm --

원저자명: 辰巳渚
일본어 원작을 한국어로 번역
ISBN 978-89-89863-79-3 03370 : ₩ 9000

정리(정돈)[整理]
가정 교육[家庭敎育]

598.5-KDC4
649.6-DDC21   CIP2009001514

부모님께 드리는 말씀

　정리정돈은 인생의 기본입니다. 왜냐하면 우리는 집에서 다양한 물건들을 다루면서 가족들과 함께 시간을 보내며 생활하고 있기 때문입니다. 정리정돈을 할 수 있다는 것은, 자신이 어떤 물건을 사용해서 어떤 식으로 생활하면 행복해질 수 있는지를 생각하며 선택과 설계, 실행해 나갈 수 있는 능력이 있다는 걸 뜻합니다.

　정리정돈을 하지 못하는 것은, 정리정돈을 그저 「방을 깨끗하게 하는 일」로만 파악하고 있기 때문입니다. 이 책은 자녀들이 정리정돈을 하지 못하거나 정리정돈이 서툴러 고민을 하고 계신 분들을 위해 만들었습니다. 이 책을 통해 방을 깨끗하게 하기 위한 기초적인 「정리정돈」은 물론, 한 걸음 더 나아가 자기답게 살아가기 위한 능력으로서의 「정리정돈」을 터득할 수 있게 되기를 바랍니다.

　1장은 정리정돈을 통해 사고력을 기르는 훈련입니다. 놀이삼아 아이들과 함께 즐기며 시도해 보시기 바랍니다.

　2장 이후로는 정리정돈을 잘 할 수 있게 하는 사고방식과 구체적인 기술들로 구성되어 있습니다. 부모님들께서 우선 오른쪽 페이지를 보시고, 자녀들용의 왼쪽 페이지를 아이들과 함께 참고해 주시기 바랍니다.

　부모님들께서 자녀들의 연령에 맞춰 구체적인 조언을 해 주시거나 스스로 생각을 해 보게 하는 등, 함께 머리를 맞대고 즐거운 시간을 보낼 수 있었으면 좋겠습니다.

　　너는 정리정돈을 좋아하니? 아니면 「정리해！」라는 엄마 말씀이 지긋지긋하다고 생각하는 쪽이니? 아마도 정리정돈을 좋아한다는 사람은 그다지 많지는 않을 것 같구나.

　　사실은 정리정돈이란 아주 재미있는 일이란다. 어째서라고 생각하니? 그것은 자신의 소중한 물건들을 어떻게 정리할지를 생각하는 과정에서 자신에 대해 조금씩 알 수 있게 되기 때문이란다. 이 책은 너에게 그런 재미를 알려주기 위한 다양한 노력들을 실어 놓았단다.

　　왼쪽 페이지가 너희들이 볼 내용이고, 오른쪽 페이지가 엄마가 보실 내용이야. 같이 읽어도 좋고 너 혼자서 읽어봐도 상관은 없단다. 왼쪽 페이지의 가장 위쪽에 적혀 있는 내용은 너희들이 한번 곰곰이 생각을 해 봤으면 하는 내용이고, 가장 아래에 적혀 있는 내용은 꼭 기억해 줬으면 하는 내용이란다.

　　끝으로 하나만 부탁할게. 책을 다 읽은 후, 네 방이나 책상에서 이 책에서 배웠던 일들을 한번 시도해보고 엄마에게 보여드렸으면 좋겠다.

정리정돈에는
인생의 **모든 것**이 들어 있다

 정리하는 능력이란, 사용할 물건들을 고르고, 분류하며, 자신이나 가족들의 행동을 배려해서 배치하고, 자신이 생활하는 곳을 안락한 장소로 꾸밀 수 있는 능력을 말합니다. 즉, 정리정돈에는 인생의 모든 것이 담겨 있는 것이지요.

「머리가 좋아지는」
정리정돈 훈련

정리하는 능력은 생각하는 힘과 같습니다. 1장에는 나누기(분류하기), 분별하기(관찰하기), 정리하기(계층 만들기), 선택하기(판단하기), 기억하기(익히기) 등 다양한 사고력을 기를 수 있는 연습들을 실어 놓았습니다. (p.21 ~ 44).

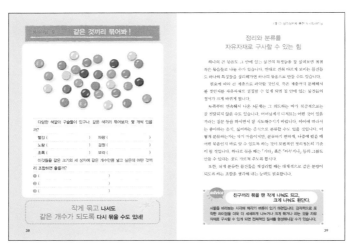

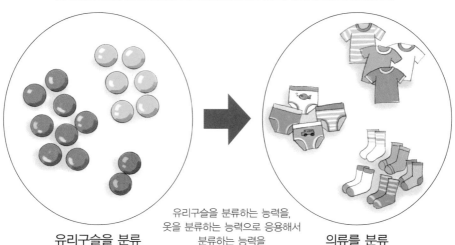

유리구슬을 분류

유리구슬을 분류하는 능력을,
옷을 분류하는 능력으로 응용해서
분류하는 능력을
착실하게 터득한다.

의류를 분류

1 나누다

수학 과목이나 자연, 사회 과목에서도
문제를 자기 나름대로 정리하여 분류할 수
있게 되면 깊이 있게 이해할 수 있게
됩니다.

2 분별하다

자연 과목 때의 관찰처럼 사물을 똑바로
인식할 때뿐만 아니라, 문장을 끝까지
주의 깊게 읽고 이해하는 데 있어서도
중요한 능력이 됩니다.

3 정리하다

관련성을 발견하여 크게 나누거나,
세세하게 분류해 나갈 수 있게 되면
사물의 전체적인 형상을 똑바로 파악할
수 있게 됩니다.

선택하다

필요한 정보를 순간적으로 골라낼 수 있는 판단력은, 문장 독해력이나
한정된 시간 속에서 시험문제에 임하는 능력과도 관련이 있습니다.

 기억하다

어디에 무엇을 넣어놨는지를 기억하기 위한 훈련은, 통째로 암기하는
것이 아닌, 주변의 사물들과 연관지어 기억할 수 있는 능력을 키울 수
있습니다.

정리정돈을 잘하면
뭐든지 잘할 수 있다

「정리하는 능력」은 다양한 능력과 연관이 있습니다. 크게 분류하자면 자기답게 살아나가는 능력(생활력), 타인과 좋은 관계를 구축할 수 있는 능력(인간관계력), 힘차게 살아나갈 수 있는 능력(살아가는 힘)이 그것입니다.

생활력

정리정돈은 사물들과 조화롭게
어울릴 수 있는 힘을 길러준다.

인간관계력

정리정돈은 사람들과 함께
조화롭게 지낼 수 있는 힘을
길러준다

살아가는 힘

정리정돈은 손이나 신체 움직임에
기초하여 살아가는 힘을 길러준다

생활력

우리 생활은 다양한 물건들로 이루어져 있습니다. 그 물건들을 잘 다룰 수 있는 힘이란 정신적으로 풍요로운 삶을 만드는 「생활력」과 직결된다고도 할 수 있습니다.

빨래 바구니

체육복

도시락주머니

필요한 물건을 골라내는 힘
판단력

넘쳐나는 물건들 중에서 자신에게
필요한 것만을 골라내는 판단력은 곧
풍요로운 삶의 능력으로 이어집니다.

자기 일을 스스로 해내는 힘
자립성

자신의 물건을 스스로 정리하는
일은 자립을 위한 첫 걸음이며, 또한
마무리이기도 합니다.

물건을 다루는 힘
활용 능력

물건들은 잘 다루어 널리 활용하지 못하고
그저 가지고 있기만 해서는 아무런 도움도
되지 않습니다.

남이 말하지 않아도 스스로 움직일 수 있는 힘

자율성

해야 할 일을 스스로 발견해서 실행해
나가는 힘은 사회 속에서 살아나가기
위한 능력의 기본입니다.

남을 위해 움직일 수 있는 힘

자발성

우선은 스스로 움직임으로써 타인
에게나 자신에게 생활하기 편한
터전을 만들 수가 있는 것입니다.

인간관계력

가위를 제자리에 갖다놓지 않으면 아빠가 사용하실 때 곤란해 한다,
거실에 물건을 그대로 방치해 두면 가족들이 힘들어 한다……. 같은
집에서 함께 생활하고 있는 가족들도 같은 물건을 사용하고 같은 장
소에서 지내기 때문에, 정리정돈을 통해 타인을 배려하는 마음 즉
「인간관계력」을 기를 수 있게 됩니다.

공통의 규칙을 만들어나가는 힘

사회성

같은 장소에 생활하는 사람들끼리
기분 좋게 지내기 위해서는 규칙이 필
요하다는 것을 이해할 수 있게 됩니다.

원하는 것을 전달하고, 듣는 힘

의사소통 능력

자신의 의사를 제대로 전달하고, 타인의
말에 귀 기울일 수 있는 사람이라면
사람들과 원활하게 지낼 수 있습니다.

타인의 마음을 배려하는 능력

통찰력

그 자리의 상황이나 사람들의 기분
을 파악할 수가 있다면 세세한 규칙
에 구속 되지 않아도 됩니다.

살아가는 힘

정보가 많아, 머리로는 이해하고 있다고 착각하기 쉬운 현대에서는 신체를 사용해 시행착오를 거치면서 이해해 나가는 과정이 큰 「생존력」이 되어줄 것입니다.

자신만의 기준으로 분류할 수 있는 힘
사고력

남의 기준이 아닌, 자신만의 기준으로 사물을 바라보고 이해할 수 있는 힘이 곧 생각하는 힘이 됩니다.

자신만의 질서를 만들어나가는 힘
정리력

자기 나름대로의 시각으로 자신이 살아 나가는 세상을 파악할 수만 있다면 그 어떤 상황에서도 대처할 수 있습니다.

지금 당장 실천할 수 있는 힘
행동력

생각에만 그치지 않고 실제로 당장
행동으로 옮길 수 있는 힘은 다부지게
살아나갈 수 있는 힘의 기본이 됩니다.

상황에 따라 자유롭게 생각할 수 있는 힘
유연성

남들이 정해놓은 틀, 자신이 정해놓은
틀에 얽매이지 않고 자유롭게 생각을
재구성할 수 있다면 세상을 편하게
살아갈 수 있습니다.

결과만이 아닌, 과정을 즐길 수 있는 힘
과정 진행 능력

살아가는 힘이란 결과에만 집착하지
않고, 그 과정까지도 착실하게 밟고
나아갈 수 있는 힘이라고도 할 수
있습니다.

자신만의 절차를 형성해 나가는 힘
계획력

지금 하는 일을, 조금만 앞을
내다보면서 추진한다면 일을
원활하게 풀어나갈 수가 있습니다.

차 례

1장 정리정돈을 통한 두뇌 훈련

14

2장 정리정돈은 쉽다

3장 정리하기 쉬운 환경조성

「나만의 규칙(My Rule)」을 만들자

5장 정리정돈을 잘하는 아이로 키우기 위한 방 만들기

6장 생활 속에서 터득할 수 있는 정리능력

1장

정리정돈을 통한 두뇌 훈련

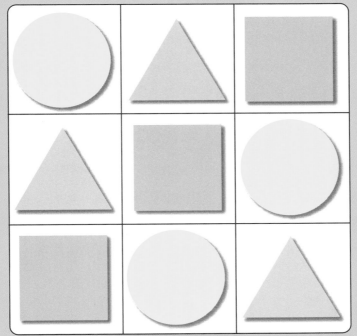

　아빠나 엄마가 어렸을 적엔, 괴수들이 나오는 텔레비전 프로그램에서는 우주에서 나타난 수상한 녀석들이 꼭 약속이라도 한듯 인간들에게,「우리는 우주인이다」라는 대사를 내뱉곤 했단다. 「우주인」이란 정체를 알 수 없는 무시무시한 사람들이었던 거지.

　하지만 생각해 보면 조금 이상하지 않니? 우주는 넓고, 그들은 화성인일지도 모르고 안드로메다성인일지도 모르는데, 죄다 통틀어서 「우주인」이라니. 게다가 지구도 우주에 있으니까 지구인도 결국 「우주인」 아닌가?

　그 때 방송 프로그램을 만들었던 사람들은 인간을 「지구인」과 「우주인」으로 나눠 생각했던 것 같아.

**어떻게 분류하는가 하는 것으로
사고방식이나 사물을 보는 시각을 알 수 있지.**

가만히 보고 있다 보면
다른 분류 방법들도 보이기 시작한단다 !

「자신의 기준대로 분류할 수 있는 힘」은
모든 「사고력」의 기초가 된다

「가려낸다는 것」은 「안다는 것」입니다. 즉, 사물을 명확하게 구별해 낼 수 있다는 것과 사물을 정확하게 이해하고 있다는 것은 같은 말이라 할 수 있습니다. 사고력과 이해력의 원천은 가려내는 일, 즉 분류에 있다고 생각합니다.

그리고 자칫 오해하기 쉬운 사항입니다만, 분류법에는 정해진 규칙이나 정답이 있는 것이 아닙니다. 예를 들어, 장난감은 흔히들 「나무 장난감」 「조립식 완구」 「인형」 「게임」 등으로 나누곤 합니다. 하지만 제 친구의 딸아이는 자기 장난감을 「혼자서 가지고 노는 장난감」 「친구와 함께 가지고 노는 장난감」 「엄마와 함께 가지고 노는 장난감」이라는 식으로 분류하고 있다고 합니다. 다시 말해, 그 아이에게 있어서는 「다른 사람과 자신과의 관계」가 매우 중요한 기준이 되고 있다는 것입니다.

이런 사례를 통해서도 알 수 있듯이, 눈앞에 있는 물건들을 어떻게 분류하는가는 그 사람이 이 세상을 어떤 시각으로 바라보는가를 나타내는 거울과도 같은 것입니다. 그래서 모든 사람들이 쉽게 이해할 수 있는 분류법이란 존재하지 않으며, 올바른 분류법 또한 없다는 것입니다. 눈앞에 있는 혼돈스러운 세상을 자신의 기준대로 분류함으로써 세상을 이해하고 자신의 기준에 맞게 개척해 나간다는 것이지요. 조금 어려운 표현인 것 같기도 합니다만, 저는 생물학자인 이케다 기요히코 씨의 「분류란 효율성을 올리기 위한 도구가 아닌, 사상의 구축 그 자체다」라고 하는 표현이 매우 가슴 깊이 와 닿습니다.

「자신의 기준대로 분류할 수 있는 힘」이란 「사고력」의 기초로서, 모

든 사람들이 익혀둘 필요
가 있는 능력입니다. 더욱
이 이처럼 정보나 다양한
물건들이 넘쳐나는 현대를
살아가는데 있어서, 없어서
는 안 될 능력이라고도 할 수

있겠습니다. 그리고 말할 것도 없이 「정리정돈」에 필요한 것은 그 무엇
보다도 이 힘—자신의 물건을 분류할 수 있는 능력입니다. 35페이지에
서 「지정위치」로서 자세한 해설이 되어 있습니다만, 물건들을 나름대
로 묶음별로 분류하고, 지정위치를 확실하게 정해 놓음으로써 정리정
돈이라는 동작 =「제자리」가 원활하게 이루어지는 것입니다.

바꿔 말하면 주변 물건의 정리정돈을 통해, 아이들이나 어른이나 분
류하는 능력을 익힐 수가 있게 된다는 것입니다.

여기서는 분류하는 능력을 키우기 위한 훈련들을 소개하고 있습니
다. 놀이를 하듯 즐기면서 자녀들과 함께 해 보시기 바랍니다.

아직 자녀들의 나이가 어리다면 어머님들께서 '예를 들면 나무 같은
건 어떨까?' 이런 식으로 구체적인 테마를 정해 주도록 하고, 어느 정
도 큰 아이라면 '그럼, 나무 같은 것?' 이렇게 아이가 물어오면 '그래,
좋은 질문이구나' 라는 식으로 조언을 해 줄 수 있도록 합시다.

부모님들을 위한 페이지를 참고하시면서 자녀들이 스스로 자신의
생각을 넓혀갈 수 있도록 도움을 줄 수 있게 된다면 좋겠습니다.

어디에 선을 그을까?

여기 흰색부터 검정색까지 조금씩 검게 변해가는 ○가 있어. 이 ○를 「흰색 묶음」과 「검정색 묶음」으로 나눠 줬으면 해. ○의 개수는 똑같이 맞출 필요는 없단다. 선을 어디에 그어도 좋으니까 일단은 선을 그어보자.

이번에는 이 ○를 두 묶음으로 나눠보자. 이번에도 선을 긋는 곳은 어디든 상관없단다.

그럼 이제 위 그림을 「탈 것 묶음」과 「동물 묶음」으로 한 번 나눠 봐.

자신이 납득 할 수 있는 곳에서
선을 그으면 되는 거야

경계선을 그을 수 있는 힘을 기르자

정리정돈을 할 때 어디에 넣어둬야 할지 판단이 어려운 물건 때문에 고민하는 경우가 종종 있습니다. 같은 장난감이라도 이건 「자동차 상자」로 해야 될지, 아니면 「캐릭터 상품 상자」로 해야 될지, 이런 식으로 하다가는 생각하는 일에 지쳐버려서 점점 상자에 대충 집어던지게 되기도 합니다.

물건의 특징이란 것은 명확하게 알 수 있는 물건보다는 애매모호한 물건들이 더 많아서 골치가 아픈 법입니다.

그 애매모호한 물건을 어느 묶음에 넣어둬야 맞는 건지 정해진 정답이란 없습니다. 그것을 정하는 것은 본인뿐이고, 본인이 정하지 않는다면 아무도 정해 주지 않을 것입니다.

왼쪽 페이지에 있는 것은 애매모호한 물건에 일단 이름을 붙여서 흑인지 백인지 명확하게 구분 짓게 하기 위한 훈련입니다. 방에 있는 둥근 물건과 네모난 물건, 그 어느 쪽에도 속하지 않는 물건들을 늘어놓고 두 부류로 나누는 등, 다양한 물건으로 즐기면서 훈련해 봅시다.

「탈 것」이냐 「동물」이냐 하는 문제에 있어서는, 어머님께선 일부러 반대 의견을 내놓아 보는 것도 괜찮을 것입니다. 왜 자녀들이 그렇게 분류했는지 그 이유를 알려달라고 해봅시다.

advice

흰색 묶음으로 분류해 놓고 보면 하얗게 보이니까 신기하지?

「콩을 팥이라고 우긴다」라는 말을 흔히들 하는데요. 이렇게 선을 그어 이 ○를 흰색 묶음에 속하는 것으로 본다고 하면, 회색 ○가 흰색으로 보이기 시작하지 않습니까? 이름을 붙여 한데 묶음으로써 그 물건은 그런 특징을 갖추게 되는 것입니다.

3가지로 분류할 수 있을까?

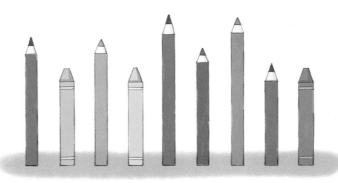

　「지구인」과 「우주인」은 인간을 두 종류로 나누는 방법이야. 이 「지구인」
을 다시 두 종류로 나누면 「한국인」과 「외국인」이 될까? 아니면 「어른들」
과 「아이들」이 될까?

　이 밖에도 또 무엇이 있을까? 지구, 동물, 장난감, 책 등… 다양한 물건
들이 있지만 두 가지로 나눌 수 있는 물건이 또 있을까?

❶ 지구 (　　　　　)와 (　　　　　)

❷ 생물 (　　　　　)와 (　　　　　)

❸ 필기도구 (　　　　　)와 (　　　　　)

　그럼 두 가지로 나눈 물건을 다시 3가지로 분류해보자.

❶ (　　　　)와 (　　　　) 와 (　　　　)

❷ (　　　　)와 (　　　　) 와 (　　　　)

❸ (　　　　)와 (　　　　) 와 (　　　　)

3가지로 분류하는 건 어렵지?
그래서 분류할 수 있는 능력이 꼭 필요하단다

3가지로 나누는 것이 「분류」의 시작

한 물건을 두 가지로 나누는 일은 「분류」의 한 단계 전의 개념입니다. 「지구인」과 「우주인」은 세계를 「지구의 지적 생명체」와 「지구가 아닌 다른 장소의 지적 생명체」로 나눈 셈입니다. 우리는 자연스럽게 「자기」와 「자기 이외의 것」, 「우리 편」과 「상대 편」, 「좋아하는 것」과 「그 밖의 것」 이런 식으로 자신을 중심으로 한, 이른바 ○×식으로 분류를 하고 싶어 하는 법입니다.

그런데 이것을 3가지로 분류하게 되면 사물들을 자신의 기준에 맞춰서 정리하는 「분류」가 되기 시작하는 것입니다. 「인간」과 「동물」과 「식물」, 혹은 「동물(생명이 있고 움직이는 것)」과 「식물(생명은 있고 움직이지 않는 것)」과 「돌(움직이지도 않고 생명도 없는 것)」.

딱히 어떤 분류법이 정답이라고 할 수는 없습니다. 아이들이 자유로운 발상을 가지고 분류할 수 있도록 옆에서 조언을 해주십시오.

【답변 예】

(2가지) 지구 : 육지 · 바다　　　　생물 : 동물 · 식물
　　　　필기도구 : 쓰는 것 · 색칠하는 것

(3가지) 지구 : 하늘 · 육지 · 바다　　생물 : 인간 · 동물 · 식물
　　　　필기도구 : 연필 · 색연필 · 크레용

advice 아하, 그렇게 볼 수도 있겠구나

아이들이 어른들보다 유연한 발상을 가지고 있습니다. 그 유연한 발상으로 포착한 분류법이 어른들 입장에서 다소 이상하게 느껴져도 솔직하게 놀라워할 줄 아는 부모라면 훌륭합니다. 부모가 아이들의 분류법의 기준을 이해하지 못했다면 「이건 뭐가 다른 거니?」라고 질문을 해도 좋습니다. 제대로 설명할 수 있는 아이라면 훌륭합니다.

어느 조에 속할까?

① ② ③ ④ ⑤ ⑥ ⑦ ⑧ ⑨ ⑩

여기 친구들 10명이 있어. 지금부터 이 친구들을 두 조로 나눠 볼 거야. 어떤 식으로 조를 나눠도 상관없단다. 조에 이름을 붙여서 친구들의 번호를 적어보렴.

자, 그럼 시-작!

「   」조 (   )   「   」조 (   )

그럼 이번에는 모둠을 다르게 나눠보자. 방금 전의 모둠과는 다른 이름을 붙여서 말이야.

「   」조 (   )   「   」조 (   )

마지막으로 다시 한 번.

「   」조 (   )   「   」조 (   )

다 됐니?

조의 이름을 정하고 나니까
분류하기가 훨씬 쉬워지지?

다양한 분류법이 있다는 것을 알게 된다

　분류하는 방법에는 딱히 정답이 있는 것이 아니라, 그것을 분류하는 사람이 어디에 주안을 두느냐에 따라 달라집니다. 같은 물건이라도 주목하는 부분을 바꿈으로써 자유롭게 재분류할 수가 있는 것입니다. 이와 같은 훈련은 그런 점을 느끼게 하기 위한 것입니다.

　조 이름 부분에는 예컨대 「남자 조」「여자 조」 등 그 특징을 나타내는 이름을 붙일 수 있도록 되어 있습니다.

　이 10명에게는 「남녀별」「키의 크고 작음」「손에 들고 있는 도구(스포츠용품, 학용품)」 등 각각 차이가 있습니다만, 아이들은 어떤 차이점에 주목할까요?

　가정에서 그림책이나 도감, 구슬 등 다양한 물건을 이용하여 훈련해 보시기 바랍니다. 이동하는 차 안에서나 레스토랑의 대기시간 등을 활용해서 즐기는 것도 좋은 방법입니다.

난 반팔이랑 긴팔로 나눌 거야

엄마는 공부 조와 스포츠 조로 나눌게

advice

넌 ○조와 ●조로 나눴구나.
엄마는 △조와 ▲조로 나눴어.

사람에 따라 주목하는 점이 다 다르고, 또 달라도 된다는 점을 가르쳐주시기 바랍니다. 「역시 ○○는 축구를 좋아하니까 그렇구나」 이런 식으로 그 아이의 취미와 연결해서 납득을 시켜보는 것도 괜찮은 방법입니다.

나를 찾아 봐 !

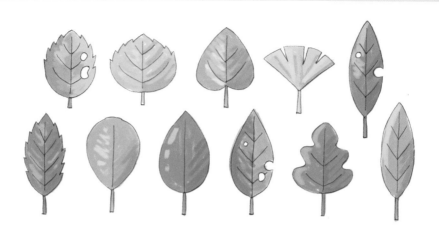

위 그림을 잘 보렴. 다양한 모양의 잎이 있지? 이 속에 나를 찾아달라고 하는 잎이 있단다. 넌 얼마나 빨리 찾아줄 수 있겠니?

❶ 난 가장자리가 깔쭉깔쭉하고 둥근 모양을 하고 있어. 벌레가 뜯어먹은 구멍이 두 곳이나 있어서 마음이 아프단다.

❷ 저는 삼각형 모양을 하고 있고 세 곳이 갈라져 있어요.

❸ 난 가장자리는 깔끔하고 끝 쪽은 뾰족해. 정 가운데에 줄 하나가 나 있는 것이 나라는 증거야.

❹ 저는 길쭉하게 생겼고 진한 초록색에 구멍까지 뚫려 있어요.

차이점을 찾아내기 위해서는
그 물건을 잘 관찰해야겠지?

주의 깊게 분별하는 능력

아이들은 원래 차이점을 찾아내는 능력이 탁월하다고 생각합니다. 그림책 같은 것에서도 이것과 같은 모습을 하고 있는 캐릭터를 찾아내라며 많은 캐릭터들이 있는 가운데서 같은 모습을 하고 있는 것들을 고르게 하는 놀이가 있는데, 이런 놀이는 어른들보다 아이들이 더 잘할지도 모릅니다. 일상생활에서도 어릴 때일수록 반 아이들 가운데서 남들과 다른 아이에게 더 민감한 법입니다.

또, 아빠 의자에 엄마가 앉는 것은 이상하다거나 우리 집에서는 목욕을 한 다음에 밥을 먹는데 사촌 집에서는 밥이 먼저라니 이상하다고 하는 등, 한 번 고정된 것이 일시적으로라도 바뀌는 것에 대해 낯설게 느끼는 감성도 더 강한 것 같습니다.

왼쪽 페이지는 많은 사물들 가운데서 지정된 특징을 가진 것을 찾아내는 형태를 띠고 있습니다. 첫째는 주의 깊게 차이점을 분별해내기 위한 것이고, 둘째로는 사물에는 닮은 점과 그렇지 않은 점(공통점과 차이점)이 있다는 것을 느끼게 하기 위한 훈련입니다. 공원에 가거나 캠핑을 하러 나갔을 때 실제로 다양한 잎들을 모아 이런 놀이를 해 보는 것도 즐거울 것입니다.

물건에는 닮은 점과 다른 점이 있지?

아이가 잎을 골라내면 「이것과 닮은 것은 또 뭐가 있을까?」라고 질문을 더 확대시켜봅시다. 「벌레가 뜯어먹은 구멍의 수가 다르네」라는 식으로 아이들과 함께 확인해보시기 바랍니다.

전부 다 치워 봐!

위 그림은 ○○이의 책상이란다.
참 다양한 물건들이 널브러져 있지?
그래서 지금부터 그 널브러진 물건들을
각각의 위치에 치워줬으면 해. 치워야 할 위치까지
선을 한번 그어보자. 넌 책상 위의 물건을 다 치울
수 있겠니?

전부 다 치울 수 있었니?
틀린 위치에 치운 물건은 없을까?

친구들이 있는 자리에 가져다 놓으면 깨끗이 정리된다

2장에서 설명하게 될 내용입니다만, 정리정돈이란 제자리에 가져다 놓는 행위입니다. 그 행위가 쉽게 이루어지면 정리정돈은 쉽게 끝나는 것이지요. 이를 위해서는 우선 그 물건의 「지정위치」가 정해져 있다는 것이 전제조건이 되어야 합니다.

이와 같은 훈련은, 실제 작업보다도 간단한 그림 작업을 통해 「하나 씩 정해진 위치(친구들이 있는 자리)에 가져다 놓으면 되는구나」라는 것을 알려주는 것을 목적으로 하고 있습니다.

그리고 여기서 주목해 주셨으면 하는 점은 정해진 자리가 없어 보이는 물건들을 아이들이 어떻게 처리할 것인가 하는 점입니다. 도서관 책, 공작품, 과자 등을 어떻게 하는지, 적당한 위치에 선을 그을지, 아니면 「이건 넣어둘 데가 없어요」라고 말할지, 잘 지켜봐주시기 바랍니다.

적당히 던져놓는 버릇이 있으면 정리정돈은 숙달되지 않습니다. 넣어둘 곳이 없다는 점을 아이들이 발견했을 때 부모님들이 「이렇게 생각하면 이 자리가 맞지 않을까?」「새로 자리를 만든다면 어떤 묶음의 이름으로 지을까?」, 과자의 경우 「먹어버리고 껍데기는 쓰레기통에 버리자」 이런 식으로 조언을 하면서 함께 생각해 보시기 바랍니다.

> **advice 물건을 치울 땐 친구들이 있는 곳에 데려다주자**
>
> 책가방처럼 책상 옆 가방 걸이에 걸어놓는 등 단독으로 자리가 정해진 물건도 있기는 합니다만, 학용품이나 칼 같이 날이 있는 물건 등 비슷한 것끼리 묶어서 치우는 물건도 많이 있습니다. 치울 땐 같은 편을 찾으면 된다는 것을 가르쳐 주도록 합시다.

작아져라, 작아져라, 작아져라

너의 엄마는 어떤 요리를 잘하시니? 또, 가족끼리 레스토랑에 갈 때는 어떤 요리를 시키시니?

위 그림에는 맛있어 보이는 요리들이 많이 나와 있는데, 크게 두 가지로 나눠보도록 하자.

❶ 반찬 (   )

❷ 후식 (   )

이 두 가지를, 이름을 붙여서 더 작게 나눠보자. 우선은 후식부터.

(   )

(   )

(   )

(   ) 다음은 반찬, 할 수 있겠니?

하나의 묶음은
또 다른 많은 묶음으로 다시 나눌 수도 있는 거네

커져라, 커져라, 커져라

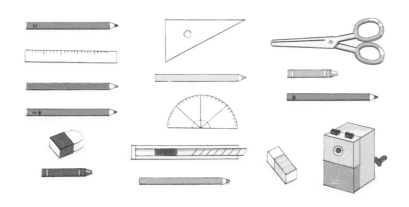

학용품에도 참 다양한 물건들이 있지? 닮은 물건끼리 한번 모아보자. 어떤 묶음을 이루게 될까? 그리고 몇 개의 묶음을 이루게 될까? 묶음을 많이 만들어보자.

(   )

(   )

(   )

(   )

그럼 그 묶음을 다시 3가지로 묶어보자.

❶ (…   )

❷ (…   )

❸ (…   )

여러 묶음들을
하나로 묶을 수도 있는 거네

같은 것끼리 묶어 봐 !

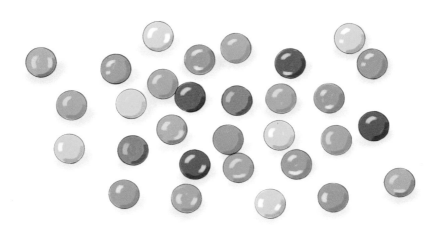

다양한 색깔의 구슬들이 있구나. 같은 색끼리 묶어보자. 몇 개씩 있을까?

빨강 (   )   파랑 (   )

노랑 (   )   검정 (   )

초록 (   )   보라 (   )

이것들을 같은 크기의 세 상자에 같은 개수만큼 넣고 싶은데 어떤 것끼리 조합하면 좋을까?

❶ (   )

❷ (   )

❸ (   )

작게 묶고 나서도
같은 개수가 되도록 다시 묶을 수도 있네!

정리와 분류를
자유자재로 구사할 수 있는 힘

하나의 큰 묶음도 그 안에 있는 물건의 특징들을 잘 살펴보면 점점 작은 묶음들로 나눌 수가 있습니다. 반대로 전혀 다르게 보이는 물건들도 하나씩 특징들을 정리해가면 하나의 묶음으로 만들 수도 있습니다.

필요에 따라 큰 계층으로 파악할 것인지, 작은 계층까지 분해해서 볼 것인지를 자유자재로 설정할 수 있게 되면 집 안에 있는 물건들의 질서가 크게 바뀌게 됩니다.

36페이지부터 연속해서 나온 3문제는 그 의도하는 바가 직감적으로는 잘 전달되지 않을 수도 있습니다. 어머니께서 후식은 어떤 것이 있을까라는 질문 등을 하시면서 잘 지도해 주시기 바랍니다. 아이에 따라서는 좋아하는 음식, 싫어하는 음식으로 분류할 수도 있을 것입니다. 어떻게 분류하는가는 자기 마음이지만, 분류하기 편하게, 나중에 봤을 때 어떤 묶음인지 바로 알 수 있도록 하는 것이 모범적인 정리정돈의 기준이 될 것입니다. 묶음을 만들 때는 「기타」 혹은 「아무거나」 같은 묶음도 만들 수 있다는 것을 가르쳐 주도록 합시다.

또한, 작게 분류한 물건들을 재정리할 때는 대체적으로 같은 분량이 되도록 하는 조합을 생각해 내는 능력도 필요합니다.

친구끼리 묶을 땐 작게 나눠도 되고,
크게 나눠도 된단다.

사물을 바라보는 시각에 제각기 버릇이 있기 마련입니다. 감각적으로 포착한 차이점을 더욱 더 세세하게 나누거나 크게 묶거나 하는 것을 자유자재로 할 수 있게 되면 전체적인 질서를 형성해 나갈 수가 있습니다.

아름이는 선생님께 도구함 뚜껑이 안 닫히는 것 같으니 안에 있는 물건을 정리하라는 주의를 받았다. 확실히 선생님 말씀대로 도구함 안에는 엉망진창으로 잔뜩 물건이 쌓여 있어서 뚜껑이 제대로 닫히지 않는 것 같아.

노력해도 잘 정리가 안 되네. 아무리 보기 좋게 넣어도 역시 뚜껑은 안 닫힌단다.

그래서 네가 이 도구함 뚜껑을 제대로 닫히게 해 줬으면 해.

필요 없는 물건을 없애면
뚜껑은 분명 닫히게 될 거야

필요 없는 물건을 골라내는 훈련

아이들의 장난감이 너무 많아서 곤란한데 어떻게 하면 좋겠느냐는 상담을 자주 받습니다. 그럴 때는 장난감은 장난감 상자가 가득 찰 때까지만 사주기로 약속하고, 서랍이나 뚜껑이 안 닫히게 되면 '필요 없어진 물건이 들어 있는 건 아니니?' 라고 하면서 '필요 없는 물건을 직접 골라내게 하세요' 라고 조언하곤 합니다.

어떤 장난감을 가리켜 '필요 있어, 없어?' 라고 물으면 아이들은 거의 100% '있다' '아직 쓴다' 라고 말합니다. 누가 봐도 사용하지 않을 것 같은 물건일지라도 특정한 물건에 초점을 맞추게 되면 전부 다 필요한 물건처럼 보인다는 것입니다.

하지만 장난감 상자라는 또 다른 관점을 제시해서 '상자 안에 다 들어갈 수 있도록 장난감을 줄이자' '상자 안에 필요 없는 물건은 없니?' 라고 말하면 그때서야 필요 없는 물건들을 골라내게 됩니다. 어떤 물건의 필요 여부를 판단하고 그 가운데서 필요한 물건만을 골라내는 능력은, 필요 없는 물건을 골라내는 훈련을 통해 만 2, 3세라는 어린 나이 때부터 키울 수가 있습니다. 그림을 보면서 학교 도구함에 들어가지 않는 물건은 집에 가지고 가게 하거나 쓰레기통에 버리도록 하는 등 아이들과 잘 이야기를 나눠보시기 바랍니다.

advice 필요 없는 물건을 없애니까 속이 시원하구나

도구함에는 늘 쓸데없는 물건들이 쌓이는 법입니다. 물론 꼭 서랍이나 상자를 늘 완벽하게 필요한 물건만이 들어 있는 상태로 만들 필요가 있는 것은 아니지만, 열어볼 때마다 필요 없는 물건은 없는지 살펴보는 버릇을 익혀두면 거의 항상 깔끔한 상태를 유지할 수가 있습니다.

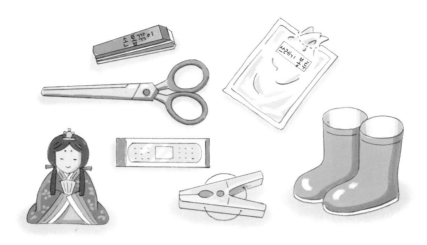

아빠와 함께 게임을 해보자. 집 안에 있는 물건이 평소에 어디에 있는 지를 맞히는 게임이야.

규칙은 간단해. 처음에 네가 '손톱깎이는 어디?'라고 아빠에게 물으면, 아빠는 '전화 밑에 있는 서랍' 이렇게 대답하시는 거야. 대답했으면 아빠 가 이기는 것이고, 대답하지 못했으면 네가 이기는 거지. 그리고 다음은 아빠 차례. 아빠가 '반창고는 어디?'라고 물어보시면 넌 대답할 수 있겠 니? 이런 식으로 서로가 각자 5번씩 질문을 하고 많이 이긴 쪽이 이기는 게임이란다.

집에 있는 물건에 대해 제일 많이 아시는 엄마에게 심판을 부탁하자.

어디로 치우는 물건인지 정해져 있지 않았다면
당장 여기서 가족끼리 정하자

수납 장소는 공유합시다

집 안 물건에 대해서는 어머니께서 관리하시고, 아버지나 자녀들은 '엄마, 그거 어디 있어요?' 라고 묻는 가정이 많을 것이라 생각됩니다. 치우기 위해서는 우선 수납 장소를 알아두지 않으면 안 됩니다. 이 게임은 집 안 물건의 수납 장소에 대한 정보를 공유하기 위한 가족게임입니다.

아빠와 아이들 대 엄마, 형 대 동생 등, 가족구성에 따라 대전표를 잘 짜서 즐겨보시기 바랍니다.

아빠가 자기 양말이 어디에 있는지 전혀 모르고 있다는 사실이 발각된다면 한 바탕 웃음보가 터지지 않을까요? 아버지들의 반성의 기회가 되기도 할 것입니다.

advice
어디에 치워야 쓰기 편할까? 함께 생각해 보자

집 안 일은 무엇이든 엄마가 결정할 것이 아니라, 함께 생각을 하는 것이 좋습니다. 같은 집에서 함께 생활하는 가족이니만큼, 각자가 자기 일처럼 생각을 해 보면 뜻밖의 소속감과 충실감을 맛볼 수 있을 것입니다.

주변에 있는 물건들을 활용해서 훈련해 봅시다

이 장에서 소개해 드린 훈련들은, 애당초 구슬이나 색종이 등을 실제로 만지고, 또 직접 손을 움직이면서 생각을 하도록 하기 위해 고안한 것입니다.

이 책에서는 문장과 그림을 보면서 생각할 수밖에 없기 때문에, 아이들이 쉽게 머리에 떠올릴 수 있도록 구체적인 물건으로 대체하거나 질문을 단순화시켰습니다. 게임의 즐거움을 가미하여 최대한 무엇이 요구되고 있는지 곧바로 알 수 있도록 노력했습니다만, 여러분은 어떠셨는지요?

만약 아이들이 즐겁게 대답을 하면서 더 해 보고 싶다고 흥미를 갖는다면, 주변에 있는 물건들을 활용해 부모님들께서 문제를 직접 만들어보시기 바랍니다.

종이에 그려져 있는 그림이 아니라, 실제로 손이나 몸을 움직이면서 훈련을 함으로써 더욱 효과적으로 습관이 몸에 배게 될 것입니다.

예컨대 색종이나 크레용, 비즈, 블록, 카드게임 등 같은 모양이면서 색이나 소재 등의 속성이 서로 다른 물건은 「3가지로 분류할 수 있을까?」「어느 조에 속할까?」 등의 훈련에 적합합니다.

낙엽을 줍거나 자동차 장난감을 활용해서 「나를 찾아 봐!」 게임을 하면 더욱 재미있게 즐기실 수도 있을 것입니다. 도감 같은 책을 좋아하는 아이의 경우, 책을 보면서 자신만의 방법으로 묶음을 나누는 모습을 지켜보시다 보면 부모님들도 놀랄 만한 독창적인 분류를 할지도 모릅니다.

물론 때때로 직접 정리정돈에 응용해 보는 것도 좋습니다. 자신의 책상이나 책장에서 해보거나 식기건조대나 세면대에서도 시도를 해 보는 등, 이 훈련은 어디에서도 응용이 가능합니다.

2장

정리정돈은 쉽다

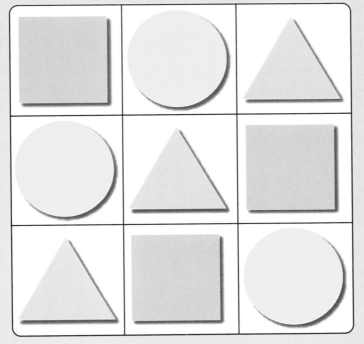

「치워라」 하는 말을
들으면 「제자리」에

얼른 방 좀
치워라

엄마가 '얼른 방 좀 치워라'고 하시면 너는 당장 치울 수 있겠니? 깔끔하게 정리해야 된다는 걸 머리로는 알고 있어도 어디서부터 손을 대야할지 당황스러울 때가 참 많지?

「치운다」는 것은 꺼내 쓴 물건을 다시 「제자리에 가져다 놓는다」는 것. 우선은 이것 하나만 기억하도록 하자. 바닥에 떨어져 있는 책은 책장에 갖다 놓고, 식탁 위에 그대로 있는 연필은 다시 책상 위의 연필통에 가져다 놓는 거야.

많이 어지럽혀져 있는 것 같아도 이것만 지키면 문제없단다. 뒤죽박죽이 된 서랍도 안에 들어있는 물건들을 제자리에 가져다 놓으면 금세 깔끔해질 거야.

「치운다」는 것은
「제자리에 가져다 놓는다」는 뜻이란다

제자리에 가져다 놓기만 하면 되니까
정리정돈 별 거 아니지?

「제자리」가 곧 정리정돈의 원칙

정리정돈이란 어지럽혀진 방을 단순히 깨끗하게만 하는 것을 뜻하는 말이 아닙니다. 어떤 자리에 있던 물건을 꺼내 쓴 다음 다시 제자리에 가져다 놓는 것. 이것이 바로 정리정돈입니다.

손톱깎이를 쓴 다음 서랍 속에 다시 넣는 것이나 어지럽혀진 방을 깔끔하게 치우는 것이나 둘 다 원칙은 「제자리에 가져다 놓는다」는 것입니다. 아주 쉬워 보이지 않습니까?

다른 말로 하면 정리정돈이란 생활 사이클 상의 다른 한쪽을 뜻하는 것입니다.

왼쪽 그림을 봐주십시오. 우리는 「수납장소」에 있었던 물건을 꺼낸 다음 「사용장소」에서 사용합니다. 그리고 다시 「수납장소」에 갖다 놓습니다. 이런 식으로 생활 속에서 물건은 빙글빙글 순환하고 있는 것이지요.

우리는 「사용」은 자연스럽게 잘 하지만 「제자리」는 잘 지키지 않는 것이 보통입니다. 그래서 「사용장소」에서 물건의 흐름이 막히는 것입니다. 따라서 「제자리」의 원칙을 의식적으로 지키기만 하면 이런 순환이 원활하게 이루어지면서 방이 깨끗한 상태를 유지하게 되는 것입니다.

　2장에서는 바로 이 정리정돈, 다시 말해 제자리에 가져다 놓는 행위를 간편하게 하기 위한 3가지 기본원칙을 설명할 것입니다.

❶ 「지정위치」 ····· 물건을 둘 자리를 정하는 일

❷ 「정량」 ····· 적당한 물건의 양을 정하는 일

❸ 「버리다」 ····· 적당한 물건의 양을 유지하는 일

　이 3가지 원칙을 지킬 수만 있다면 제자리에 가져다 놓는 일이 스트레스 없는 자연스러운 작업이 될 것입니다. 정리정돈이 점점 더 쉽게 느껴지지 않습니까?

　정리정돈할 때 아이들에게 어떻게 설명해야 하는지에 대한 예문도 「어드바이스」에 소개하고 있습니다. 아이들이 갈피를 못 잡고 있을 때는 이 말들을 몇 번씩이고 주문처럼 되뇌어 주시기 바랍니다. 아이들을 가르치면서 정돈을 하는 가운데 부모님들 스스로도 자연스럽게 정리정돈의 기술을 터득하게 될 것입니다.

정리정돈의 달인이 되자!

정리정돈은 제자리에 가져다 놓기만 하면 되니까 어려울 것 없지. 하지만 넌 이런 적은 없니?

'엄마, 양말은 어디에 넣어둬야 해요?' '어제 선물로 받은 인형은 어디에 두면 돼요?' 바로 엄마에게 물어보지 않으면 어디에 치워야 할지 모를 때, 엄마로부터도 '그냥 대충 아무데나 넣어둬' '책장 옆쯤에 두면 되지 않겠어?' 이렇게 성의 없는 대답이 돌아오면 어떻게 해야 할지 참 당황스럽지?

벌써 눈치 챘을까? 그래 맞아, 「원래 자리」라는 것이 정해져 있지 않으면 정리정돈을 할 수가 없단다. 정리정돈을 쉽게 하기 위해서는 수납장소를 정해 두는 것이 가장 중요하단다.

**수납장소가 정해져 있으면
제자리에 가져다 놓는 것은 참 쉬운 일이지**

원활한 정리정돈을 위해서는
「지정위치」가 기본

우선은 자녀들과 함께 물건의 지 정위치를 정합시다. 단, 대충 정해 서는 안 됩니다. 힘들게 움직이지 않으면서 일일이 기억해 내지 않아 도 될 정도로 쉽게 알 수 있는 자리 가 되려면, 이 물건은 이곳에 들어 갈 수밖에 없다는 필연성이 따라야 하는 법입니다.

그 필연성을 발견하기 위한 방법 3가지를 설명하도록 하겠습니다.

다시 한 번 그림을 봐주시기 바랍니다. 「제자리」의 화살표 움직임은 「수납장소」가 정해져 있지 않으면 멈춰 서게 됩니다.

따라서 정리정돈을 할 수 없는 아이들은 수납장소를 모르고 있거나, 아니면 수납장소가 아직 정해져 있지 않았거나 둘 중의 하나인 것입니 다. 유치원이나 학교에서 정리정돈을 잘하는 것은, 수납장소가 명확하 게 정해져 있고 그것을 아이들에게 알려주었기 때문입니다.

지금까지 정리정돈을 하지 못했던 아이에게 '이런 상태로 만들면 된 단다' 라고 하면서 「원래 상태」를 보여줬더니 정리정돈을 잘 할 수 있게 되었다는 실례가 있습니다.

아이들의 물건은 원래 자리 = 지정위치가 있습니까? 그냥 대충 적당 한 장소에 쑤셔 넣고 있지는 않나요? 아니면 엄마만 알고 있고 아이는 모르고 있는 것은 아닌지요.

친구들끼리
함께 두자

학교에서는 음악시간에 사용할 물건들은 모두 음악실에 두고, 체육시간에 사용할 물건들은 체육관이나 창고에 정리를 해 놨지? 그래서 선생님께서 공을 가지고 오라고 하시면 넌 헤매지 않고 곧바로 체육관으로 달려갈 수 있는 것 아니겠니?

물건을 어디에 둘지 자리를 정할 때는 같은 편끼리 함께 두면 더 찾기 편하단다.

네 물건들은 다 어떻게 되어 있니? 같은 편도 아닌데 그냥 크기가 딱 들어간다는 이유 하나만으로 적당히 정해 버리고 있지는 않니? 그렇게 대충 정해 버리면 물건을 꺼낼 때나 치울 때 어디에 있었던 물건인지 헤매고 말 거야.

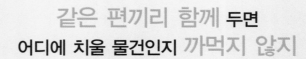

같은 편끼리 함께 **두면**
어디에 치울 물건인지 까먹지 않지

52

지정위치의 결정 기준 ①
대분류로 위치를 정리하자

지정위치를 정하기 위한 기본은 우선 대분류로 정리하는 것입니다. 그냥 적당히가 아니라 꼭 그곳이어야만 하는 그런 장소를 잘 찾아주도록 합시다. 학업관련은 책상 주변, 장난감은 창가의 선반, 의류는 옷장, 만화나 게임 책은 책장 아래 2단, 이렇게 일단 자리가 정해지면 절대로 다른 물건이 섞이지 않게 하겠다고 작정을 해야 합니다.

늘 있어야 할 자리에 있어야 할 물건이 있으면, 어떤 물건의 위치를 깜빡 잊었을 때 짐작하기 쉽고, 새로 물건이 들어왔을 때에도 「놀이 종류니까 여기쯤」 이런 식으로 아이들 스스로 정할 수 있게 됩니다.

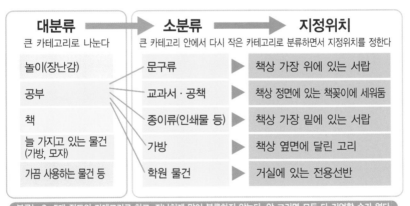

대분류 ➡	소분류 ➡	지정위치
큰 카테고리로 나눈다	큰 카테고리 안에서 다시 작은 카테고리로 분류하면서 지정위치를 정한다	
놀이(장난감)	문구류 ▶	책상 가장 위에 있는 서랍
공부	교과서 · 공책 ▶	책상 정면에 있는 책꽂이에 세워둠
책	종이류(인쇄물 등) ▶	책상 가장 밑에 있는 서랍
늘 가지고 있는 물건 (가방, 모자)	가방 ▶	책상 옆면에 달린 고리
가끔 사용하는 물건 등	학원 물건 ▶	거실에 있는 전용선반

분류는 3~5개 정도의 카테고리로 하고, 지나치게 많이 분류하지 않는다. 안 그러면 모두 다 기억할 수가 없다.

advice

○○는 어느 묶음에 속했더라?

세상을 바라보는 그 사람만의 시각이 물건을 분류하는 방법에도 나타납니다. 아이들의 물건을 묶음별로 나눌 때는 부모님께서 조언을 하시되, 아이들의 시각을 존중해 주시기 바랍니다. 그렇게 해야 아이 스스로가 정리정돈을 할 때에도 감각적으로 무리 없이 실행할 수가 있습니다.

치우기 쉬운 위치란 어떤 곳일까?

책장을 한 번 떠올려보자. 가운데쯤 위치한 선반에 있는 책은 쉽게 꺼낼 수 있지? 엄마가 치우라고 하실 때도 쉽게 끼워 넣을 수도 있고 말이야. 그럼 가장 위에 있는, 손이 닿지 않는 곳에 있는 책은 어떻게 꺼내고 있니?

의자를 가져와서 책장을 기어오르겠지? 방법이야 많겠지만, 꼭 읽고 싶은 책이라면 어떻게든 해서 꺼내려고 할 거야. 그럼 다 읽은 다음에는?

그래, 다시 제자리에 갖다놓기가 귀찮겠지? 그리고 책을 그대로 놔두었다고 야단을 맞으면 대충 손이 닿는 선반에 넣어버리면 그만이고 말이야. 바로 여기에 정리정돈의 중요한 법칙이 있는 거란다.

제자리에 갖다놓기 편하게 하는 아이디어를 낼 수 있다면 넌 벌써 정리정돈의 달인이야

지정위치의 결정 기준 ②
한 동작으로 갖다 놓을 수 있도록 하자

사람이란 원래 신경을 쓰지 않는 이상 물건을 제자리에 갖다 놓지 않는 법인데, 그 갖다 놓는 작업이 귀찮다면 십중팔구 게을리 하게 됩니다. 지정위치를 정할 때는 꺼내기 편하도록 하는 것보다는 제자리에 갖다 놓기 편하도록 하는 게 스트레스를 덜 받습니다.

그렇다면, 제자리에 갖다 놓기 편하게 하려면 어떻게 하면 될까요?

흔히들 서 있는 상태에서 손이 닿는 범위 안에 자주 쓰는 물건을 놓으라고 하는데, 이처럼 높이에 대한 배려 역시 중요합니다.

하지만 제가 봤을 때 중요한 것은 한 동작으로 제자리에 놓을 수 있는가 하는 점입니다. 아무리 눈앞에 있는 선반이라 해도 일단 손에 든 물건을 옆에 두고 문을 열어서 다시 서랍을 여는 식이라면, 귀찮아서 그냥 밖에 방치해 두기 일쑤라는 것입니다.

한 동작으로	
	열린 선반에 놓는다
	손에 닿는 선반에 열린 바구니를 놓는다
	한 손으로 열 수 있는 문 안에 열린 선반을 마련한다
	한 손으로 열 수 있는 서랍 안에 큼직하게 칸을 친다
	깊이가 없는 좁은 선반에 일렬로 세워놓는다 (2중으로 세워놓지 않는다)
	벽면에 달아놓은 고리에 걸어놓도록 한다
	높은 선반에 올려놓고 근처에 발판 (혹은 그 대용이 될 만한 가구)을 배치해 둔다

advice

썼으면 제자리에 갖다 놓아라

정리정돈의 기본이라고도 할 수 있는 이 대사. 좀처럼 아이들 몸에 배지 않기는 하지만 그래도 계속해서 끈질기게 말하십시오. 단순히 방에 방치된 물건을 가리켜 치우게 하기 위한 것이 아닌, 「사용 → 제자리」라는 흐름의 감각을 자연스럽게 몸에 익히게 하기 위함입니다.

잠옷은 어디에 벗어둬야 하지?

철수는 항상 엄마에게, 늘 거실 소파 위에 잠옷을 벗어둔 채로 놔둔다고 야단을 맞는단다. 철수도 항상 잔소리를 듣는 게 싫다고 생각하면서도 꼭 그 자리에 벗어두고 말지. 철수가 아침에 어떻게 하는지 잠깐 들여다볼까?

2층 자기 방에서 잠을 깬다. 잠옷을 입은 채 1층 거실로 내려가서 얼굴을 씻거나 화장실로 간다. 소파 옆에서, 자기 방에서 가지고 온 학교 옷으로 갈아입는다. 잠옷은 소파 위에 그대로 둔 채. 또 엄마에게 「잠옷!」하고 야단을 맞는다. 왜 철수가 잠옷을 치우지 못하는지 넌 알 수 있겠니?

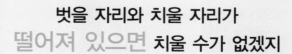

벗을 자리와 치울 자리가 떨어져 있으면 치울 수가 없겠지

지정위치의 결정 기준 ③
활동하는 장소에 치우는 장소를 마련하자

우리는 아이들 방에는 아이들 물건을, 부엌에는 조리용품을, 이런 식으로 방 단위로 물건을 둘 장소를 정하기 십상입니다. 방 안에서 대분류를 해 나가면 그것만으로도 대체적으로 해결이 되겠지만, 여기서 한 가지만 더 고려해 주셨으면 하는 사항이 있습니다.

아이들이나 어른들이나 모두 하루하루의 일상 속에서 늘 움직이고 있습니다. 학교에 가서 돌아오고 숙제를 하거나 목욕을 하거나…. 그런 활동과 그때 사용하는 물건은 한 조를 이룹니다. 왼쪽 페이지의 사례처럼 그 활동이 방이 아닌 다른 장소에서 이루어질 경우, 사용한 물건은 그대로 방치된 채로 남는 것입니다. 평소에 '항상 잠옷이 벗어둔 채로 있네', '왜 책가방을 언제나 자기 방이 아닌 거실에 두는 걸까?' 이런 생각이 든다면 활동하는 장소와 치우는 장소가 서로 어긋나 있지는 않은지 한번 생각해 보시기 바랍니다.

잠옷 벗어둘 자리를, 예를 들어 거실 옆 세면대에 두기만 해도 철수는 분명 쉽게 잠옷을 치울 수 있게 될 것입니다. 아니면 잠자리에서 일어난 후 먼저 2층에서 옷을 갈아입은 다음에 내려오도록 해도 거실에 잠옷이 방치되는 일이 더는 없겠지요.

advice 왜 항상 여기에 두는 걸까?

자연스러운 동작의 흐름으로 그대로 방치하게 되는 물건 — 잠옷이나 책가방, 겉옷, 모자, 학원 가방 등 — 에 대해서 아이들은 무의식적으로 실수를 반복하게 되는 경우가 많습니다. 잠옷을 치우라는 말만으로는 자신의 행동을 뒤돌아볼 수 없는 것이지요. 우선은 「현 상황 = 사실」을 지적해서 자신이 지금 하고 있는 행동이 어떤지를 알려줍시다.

얼마나 가지고
있는지 알고 있니?

장난감 상자에 물건이 너무 많아서 아무리 찾아도 원하는 장남감이 보이지 않는 경우가 자주 있지 않니? 가지고 있는 물건이 너무 많다 보면 아무래도 다루기 버거운 느낌이 들지?

그럼 적으면 적을수록 좋은 걸까? 아니, 꼭 그렇지는 않아. 자기가 다룰 수 있는 적당한 양만 가지고 있으면 그것으로 충분하단다.

그럼 어떻게 하면 그 적당한 양이라는 것을 알 수 있을까? 엄마에게 '가지고 있는 장난감 다 소중하게 다룰게요. 이 장난감도 소중하게 쓸 거니까 사주세요!'라고 말할 수 있으려면 어떻게 하면 될까?

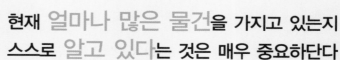

**현재 얼마나 많은 물건을 가지고 있는지
스스로 알고 있다는 것은 매우 중요하단다**

「틀(정량)」을 정해 놓지 않으면
적당한 양을 가늠하기가 힘들다

　자기가 도대체 얼마만큼의 물건을 사용하며 생활하고 있는지, 실제로 당사자들은 잘 모르고 있는 법입니다. 부족할 때는 세탁할 때 대신 신을 양말이 없다든가 하면 부족한 걸 금방 알 수 있지만, 사실 요즘 우리 생활에서는 물건이 부족해 곤란한 경우는 그다지 많지 않습니다.

　지금 가지고 있는 물건이 적당한 양인지, 아니면 너무 많은 건 아닌지, 또는 갖고 싶은 물건을 찾았을 때 그 물건을 사면 알차게 사용할 수 있을지, 아니면 그대로 창고에 매장될 것 같은지, 한번 곰곰이 생각해봐야 합니다.

　물건을 알차게 쓰면서 정돈도 하기 쉬운 적당한 양을 찾기 위해서는 일단 「틀」=「정량」을 정해 두지 않으면 안 됩니다. 그렇게 틀을 정해두면 그 틀 안에서 원활하게 돌아가는지, 부족한지, 아니면 너무 많은지를 쉽게 파악할 수 있게 됩니다. 그리고 적당한 양을 알았으면 틀의 크기를

수정해서 알맞은 정량으로 서서히 만들어나가면 되는 것입니다.

　위 그림은 수납장소의 동그라미 크기를 알맞은 정량으로 만들어야 한다는 뜻입니다. 그럼 다음 페이지부터는 이 정량을 정하는 방법 3가지를 설명하겠습니다.

옷이 장롱에서 삐져
나와 있지는 않니?

가득!

예쁘게 꾸며 입는 걸 좋아하는 아름이는 옷을 아주 많이 가지고 있단다. 그런데 어느 날 엄마에게 항상 옷이 여기저기 널브러져 있으니까 지금 당장 장롱에 걸어두라고 야단을 맞아서, 식탁 의자의 등받이나 거실 소파, 침대 위에 있는 옷들을 모아왔어.

자기 방에 있는 장롱은 텅 비어 있었지. 그런데 비어 있는 옷걸이에 옷을 걸어보니까 금세 가득 차 더 이상 들어갈 수 없게 돼서 깜짝 놀랐단다.

그래서 엄마랑 같이 낡은 옷들을 꺼내면서 전부 장롱에 넣을 수 있게 정리했더니 왠지 아름이도 속이 시원했대. 왜 그런 것 같니?

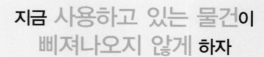

지금 사용하고 있는 물건이
삐져나오지 않게 하자

정량의 결정 기준 ①
지금 사용하는 물건들이
모두 들어갈 수 있는 양으로 정하자

'타월은 몇 장 정도 있으면 충분할까요?', '아이들 속옷은 몇 벌 정도 있는 게 적당할까요?' 하는 질문을 자주 받습니다. 가사 일을 계획적으로 추진할 수 있는 사람이라면 합리적으로 필요한 수량을 산출해서 그 수량에 맞춰 생활을 해 나갈 수 있겠지만, 대부분의 사람들은 그 숫자를 가지고 수량을 제어한다는 것이 상당히 까다로운 일입니다.

전부 다 들어가지 않는 등 시각적으로 바로 알 수 있고, 또 실제로 사용하면서 상황을 파악할 수 있도록, 가구의 크기를 가지고 수량을 제어하는 편이 아이들에게도 쉬운 방법일 것입니다.

그리고 어느 정도 용량의 가구가 필요할지 판단하는 데 있어서는 지금 현재 사용하고 있는 물건들이 알맞게 들어갈 정도의 크기로 보시면 됩니다. 예로 들었던 아름이의 경우는 현재 입고 있는 것만 남겨놓고 입지 않는 옷들을 다 치우고 보니 장롱에 딱 들어갔습니다.

만약 현재 입고 있는 것이 다 들어가지 않는다면 멋쟁이에게 걸맞게 조금 더 수납공간을 넓히면 되겠습니다. 하지만 일단 그렇게 준비를 한 다음부터는 그 이상은 늘리지 않고 「틀=정량」을 지킬 수 있도록 해야 합니다.

advice 장롱이 가득 찼으니까 이제 더 사는 건 그만둘까?

사람 몸은 하나, 하루는 24시간입니다. 머리로는 이것도 갖고 싶고, 저것도 갖고 싶다는 생각이 들지라도 실제로 사용할 수 있는 양에는 한계가 있습니다. 그 한계를 알 수 있는 적당한 기준이 바로 「정량」인 것이죠. 알차게 사용할 수 있는 양이 적당한 양이라는 사실을 알려주도록 합시다.

물건이 너무 많은 건
아닐까?

연필통을 한번 보자. 너무 많이 꽉 차서 필요한 유성펜을 쉽게 못 찾았
던 적은 없었니? 지우개나 풀이 들어 있는 서랍을 열어봐도 돼. 사용 중인
지우개가 3, 4개씩 들어 있거나 새 학기가 시작할 때 「5개 ○○원」 등 할
인 가격으로 샀던 풀들이 굴러다니고 있지는 않니?

한마디로 말해서 물건이 너무 넘쳐난다는 얘기야. 사용 중인 물건이 너
무 많으면 막상 쓰고 싶을 때 찾는 것이 힘들단다. 제자리에 놓을 때도 넣
기 힘들지. 그 뿐만이 아니란다. 지우개가 많다고 마음이 느슨해져서 제자
리에 갖다놓기가 귀찮아질지도 몰라.

사용하는 물건은 하나만 두고
새 물건은 잘 보관해 두자

정량의 결정 기준 ②
「사용 중인 물건 + 예비품 하나」

아이들 방이나 집 전체를 한번 둘러보십시오. 그곳에 있는 물건들 중에 예비품이 얼마나 많은지 잘 살펴보시기 바랍니다. 공책이나 지우개의 필요이상의 구입, 아는 사람에게서 받은 아이 옷 중에 아직 커서 입지 못하는 옷가지들, 언젠간 쓸 거지만 아직은 쓰고 있지 않은 물건들이 수납공간을 점령하고 정리까지 힘들게 하고 있지는 않습니까?

요즘 같은 시대에는 예비품을 모아두지 않아도 필요할 때는 무엇이든 손에 넣을 수 있습니다. 가능한 한 예비품을 적게 하고 현재 사용하고 있는 물건들로만 방을 구성하게 되면 물건의 지정위치도 한결 정하기가 쉬워집니다. 따라서 기본적으로 「사용 중인 물건 + 예비품 하나」를 정량으로 삼는 것이 바람직합니다. 지우개가 떨어지면 예비품인 지우개를 꺼내 쓰고, 예비품이 떨어진 시점에서 다시 예비품을 채우는 식으로요. 다른 사람에게서 받은 아이 옷도 받아온 시점에서 필요 없는 옷은 걸러내고 당장 입을 옷만 챙기는 것이 나을 것 같습니다.

또한, 지금은 ○○가 필요하다, 이렇게 필요한 물건들을 찾아내고 적절한 때에 갖출 수 있는 능력 역시 매우 소중한 능력입니다. 아이들 스스로가 슬슬 지우개를 사야 되겠다는 생각이 들게끔 자연스럽게 유도해 주는 것도 부모의 역할이 아닐까요?

advice

집에 아직 안 쓴 물건이 있지 않아?

아이가 가게에서 학용품을 사달라고 조를 때는 우선 집에 있는 물건부터 사용하도록 권유합시다. 사다놓기만 하고 읽지 않은 책이나 해 본 적이 없는 게임이 있다면 새 물건을 살 수 없다는 것을 확실하게 알려줍시다. 문방구에 갈 때마다 지금 떨어진 물건은 없는지 물어보는 것도 좋습니다.

서랍장이 너무 많은 건 아닐까?

덩덩

깔끔!

장롱을 정리해서 속이 시원해진 아름이는 기분이 좋아서 이번에는 책장을 정리하기로 했단다. 책이 옆으로 누워 있거나 사전과 그림책이 뒤죽박죽이 돼서 예전부터 신경이 쓰였던 곳이니까.

일단은 책을 모두 꺼내서 아기 때 봤던 그림책이나 2년 전 교과서 같은 것들은 따로 분류했단다. 지금 읽을 책들만 골라서 여기는 그림책, 여기는 도감, 이런 식으로 다시 제자리에 갖다 놓기 시작한 거야. 그랬더니 책이 들어 있던 작은 책장 하나가 텅 비어 버렸단다.

너라면 이 작은 책장을 어떻게 하겠니?

비어 있는 **가구를**
치워 버리면 **방이 깔끔해질 거야**

정량의 결정 기준 ③
무리 없이 다룰 수 있는 양이 곧 적당한 양

물건들이 넘쳐나는 시대가 계속되면서 물건의 관리방법에 대해서도 신경을 쓰는 분들이 늘고 있습니다. 그 때문인지 예전처럼 물건이 너무 넘쳐나서 정리가 안 된다는 집은 점차 줄어들고 있는 듯합니다. 그 반면에, 얼핏 보기에는 그다지 물건이 많은 것 같지는 않은데 이상하게 어수선해 보이는 집이 많이 있습니다. 이런 경우도 문제는 왠지 정리가 잘 안 된다는 점입니다.

그런 집들 대부분의 공통적인 문제가 바로 지나치게 많은 수납공간입니다. 수납장소가 많다보면 깔끔해지겠지 하는 착각이 물건들을 매장할 장소를 늘리는 결과를 초래했다고 할 수 있겠습니다.

현재 사용하고 있는 물건, 즉 무리 없이 다룰 수 있는 물건의 양을 곧 적당한 양으로 보는 것을 기본 원칙으로 하며, 그것들을 사용하기 편하게 배치하는 것이 바로 수납인 것입니다. 적당한 양을 수납했을 때 가구가 남는다면 큰마음 먹고 그냥 버리십시오. 작아진 수납공간을 「틀=정량」으로 삼으면 제자리에 갖다 놓기가 한결 편해집니다. 방까지 넓어졌으니 일석이조인 셈이지요.

advice — 이 책장 안 쓰면 그냥 버릴까?

아이 방이나 아이들 공간에서 지금 사용하고 있는 물건들의 지정위치를 정하고 나면 비는 책장이나 바구니가 나올 때가 있습니다. 그곳이 자칫 창고가 돼버리기 쉽습니다. 불필요한 수납 공간을 없애버리면 한결 깔끔해진다는 생각을 갖게끔 버릇을 어릴 때부터 들여주시기 바랍니다.

필요 없는 물건은
몰아내자

물건을 산다

사용

쓰지 않는 물건은
버린다

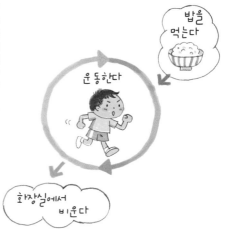

밥을
먹는다

운동한다

화장실에서
비운다

네 몸에 대해서 한번 생각해 보자. 밥은 매일 먹지? 다시 말해서 영양분을 외부에서 들여오는 셈이지. 그럼 그 영양분은 어디로 가는 걸까?

몸을 움직이는 힘의 근원이 되기도 하고, 몸을 만드는 재료가 되기도 하지. 하지만 그 뿐만은 아니야. 화장실에서 몸 밖으로 나오는 것도 있어. 아무리 몸에 좋은 음식을 먹어도 화장실에서 그 찌꺼기를 내보내지 않으면 병에 걸리고 만단다.

네 주변에 있는 물건들도 이것과 똑같다고 생각하면 돼. 물건을 알차게 사용하고 필요 없는 것들은 제때 버릴 것. 그렇게만 하면 기분 좋은 생활을 할 수 있을 거야.

불필요한 물건을 제때 버리면
방도 마음도 시원해지지?

버림으로써 「생활 사이클」이 완성된다

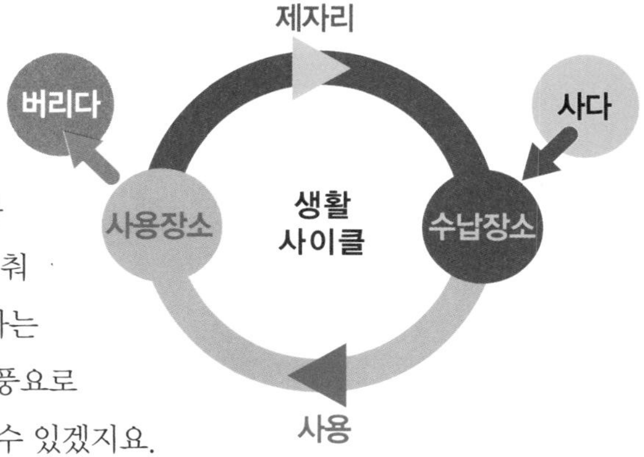

생활은 날마다 반복됩
니다. 장롱에서 셔츠를
꺼내 입고, 더러워지면 세
탁해서 널고, 그런 다음 다
시 장롱에 들어갑니다. 멈춰
있지 않고 빙글빙글 순환하는
모습이 곧 생활의 활기와 풍요로
움을 나타내고 있다고도 볼 수 있겠지요.

제자리 / 버리다 / 사다 / 사용장소 / 생활 사이클 / 수납장소 / 사용

48페이지에 「생활 사이클」 그림을 올렸습니다만, 생활이란 우리 집
안에서만 폐쇄적으로 순환하고 있는 것은 아닙니다. 집 밖에서 물건을
사들이면서 새롭게 이 사이클에 들어오는 물건이 늘어나고, 물건을 버
림으로써 다시 이 사이클에서 빠져 나가게 되는 것입니다. 이렇게 해서
집과 외부환경(사회)이 서로 접촉을 하면서 하루하루의 생활이 영위되
고 있는 것입니다. 그 순환을 나타낸 것이 바로 위 그림입니다.

집이나 방 안에 있는 물건을 너무 늘리지 않고 깔끔한 상태로 유지
하기 위해서는, 「구입」을 통해 늘어나는 양을 「폐기」를 통해 제어하지
않으면 안 됩니다.

사람이란 물건을 살 때는 필요해서 사지만, 버리는 것에 있어서는
자기도 모르게 소홀하기 마련입니다. 그래서 버리는 행위를 똑바로 인
식하게 되면 전체적인 사이클이 제대로 돌아가기 시작하는 것입니다.

또한, 이 그림이 머릿속에 각인되면 버리는 행위가 비단 쓰레기로서
버리는 행위만이 아닌, 다른 사람에게 주거나 알뜰시장에 내다파는 등,
내보내는 행위 모두가 포함된다는 것을 이해하실 수가 있을 것입니다.

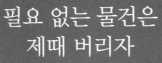

필요 없는 물건은
제때 버리자

철수의 책상 서랍에는 이런 물건들이 들어있단다. 2B로 알고 잘못 사버린 2H 연필, 잡지 부록으로 달려 있었던 여자용 필통, 새 것이지만 사용하기 불편한 만화캐릭터 가위.

철수에게 물어보면 언젠가 쓰게 될지도 모른다, 또는 새 것이니까 못버린다, 이렇게 말하는데, 너는 정말 철수가 이 물건들을 쓸 거라고 생각하니? 여자용 필통은 쓸 수는 있겠지만 학교에 들고 가기에는 창피하고, 그렇다고 다른 일에 쓸 수도 없지 않겠니?

언젠가 사용할 수 있다, 또는 일단은 챙겨 두고 있다, 그런 물건들은 다 없애버리고 정말 지금 현재 사용하고 있는 물건들만 남기면 자기도 깜짝 놀랄 정도로 깔끔하게 정리가 될 거야.

쓰지 않는 물건을 버리니까
진짜 쓸 물건들만 남네

「버리다」 방법 ①
사용할 수 있지만 사용하지 않는 물건은 버리자

　우리가 살고 있는 세상은 정말로 많은 물건들로 넘쳐나고 있습니다. 집 안에도 어느샌가 물건들이 잔뜩 들어와 있지요.

　그 물건들은 어느 하나 빠질 것 없이 모두 용도가 있습니다. 철수가 샀던 2H 연필도 「적는다」라는 용도를 가지고 있고, 그 역할을 제대로 수행해 주는 도구입니다. 하지만 철수는 초등학생이라 2H 같은 딱딱한 연필은 사용하지 않습니다.

　어쩌면 철수는 할머니가 사준 스웨터를 가지고 있는지도 모릅니다. 하지만 그 스웨터가 철수의 취향에 맞지 않아서 입기 싫다면, 아깝지만 그 옷은 입지 않는 옷이 되는 것입니다.

　물건으로서는 훌륭하게 사용할 수 있지만 본인이 사용하지 않는 물건이라면 그것은 가지고 있어 봐야 아무런 도움도 되지 않습니다. 뿐만 아니라 물건으로서의 용도를 다하지 않는다면, 그 물건을 가지고 있는 것은 일종의 낭비를 하고 있다고도 볼 수 있습니다.

　주변에 있는 물건들 중에서 사용할 수 있지만 사용하지 않는 물건들을 몰아내는 버릇을 들이기만 해도, 사용할 물건들을 적당한 양으로 유지할 수 있습니다. 그러면 알차게 사용하고 제자리에 갖다 놓는, 「생활 사이클」이 원활하게 순환되는 생활을 할 수 있게 됩니다.

advice
쓰지 않고 그대로 놔두는 것은 아깝지 않니?

「아깝다」라는 말이 요즘 재평가되고 있습니다. 필요한지 여부를 판단하기가 귀찮다는 이유로 버리지 못해 그저 들고만 있는 물건은 그 물건으로서의 활용가치가 전혀 없습니다. 정말 아깝다는 생각이 든다면 제대로 사용하든지 아니면 처분을 하든지, 아이에게 선택하게 하십시오.

다 쓴 장난감은 「고맙다」고 말하고 버리자

고마워…

쓰레기통

　어느샌가 장난감 수가 점점 불어나고 있지 않니? 인형들을 이 선반에 모아두기로 해도 조금만 시간이 지나면 어느새 선반이 꽉 차게 되지?

　새로 사거나 받은 물건들은 하루가 다르게 늘어나고 있어. 하지만 더는 사용하지 않게 된 물건이나 사용할 수 없는 물건도 분명 있을 거야. 이런 물건들에게는 자기가 있어야 할 자리를 만들어 주자.

　고맙다는 인사를 하고 버리거나, 나보다 어린 사촌동생에게 주거나, 다양한 방법이 있겠지?

　다 사용한 물건을 버린다는 것은 그 물건을 제대로 활용할 수 있었다는 뜻이야. 그리고 사용하지 않는 물건을 버림으로써 앞으로 사용할 물건을 더욱 알차게 활용할 수 있게 되는 거란다. 다시 말해서 물건을 소중하게 쓰는 것과 같은 이치란다.

**다 사용한 물건을 버리는 것은
물건을 소중히 다루는 것과 같은 이치란다**

「버리다」 방법 ②
의식적으로 다 썼다는 생각을 하게 하자

아이들은 하루가 다르게 성장해 나가고 있습니다. 작년까지 가지고 놀던 장난감이 벌써 아이 수준에 맞지 않게 되고, 아직 입을 수 있다고 생각했던 옷도 작아집니다. 어른들 이상으로 끊임없이 물건을 소비해 가는 것이 바로 이 어린 시기라고 할 수 있습니다.

한편, 당사자인 아이들은 더는 사용하지 않을지 어떨지 판단하는 일이 어려운가 봅니다. 망가진 장난감도 아직 쓸 수 있다고 떼를 쓰고, 망가지지 않은 장난감이라면 더더욱 그렇습니다. 마음에 들어 했던 옷이 더 이상 맞지 않아도 아직 입을 수 있다고 고집을 부리기도 하지요.

그것이 정말로 물건을 소중히 여기는 마음에서 그러는 것이라면 문제가 안 됩니다만, 사실은 단지 더는 사용하지 않겠다는 결정을 내릴 용기가 없어서인 경우가 대부분입니다. 다 쓴 물건인지 아닌지 여부를 판단할 때는, 단순히 성한 물건인지 아닌지만을 보지 말고, 충분히 썼으니까 더는 쓰지 않아도 된다는 식의 시각으로 접근해 보도록 합시다.

'이건 이제 쓸 일이 없지 않겠니?', '언제 쓸 거니?' 이런 식으로 부모님께서 하나씩 일일이 조언을 해주면서 아이가 직접 판단을 내릴 수 있도록 도와주십시오. 물건을 올바로 소비하면서 순환시키는 생활의 터전을 만들 수 있도록 아이의 힘을 길러줍시다.

advice **언젠가 쓸 거라고 하지만, 그 언젠가는 언제일까?**

「언젠가」라는 말은 판단을 뒤로 미룰 때 쓰는 말입니다. 지금은 정할 수 없지만 그대로 놔두면 안심이 되기 때문입니다. 언제 쓸지 답이 나오지 않는 물건은, 곧 쓰지 않는 물건이라는 것을 가르쳐주시기 바랍니다.

추억의 물건은 특별한 장소에

아름이 엄마는 아름이에게 장롱 속에서 입을 수 없는 옷들을 모두 꺼내라고 하셨단다.

그래서 찾아봤더니 낡은 티셔츠나 작아진 치마 같은 게 계속해서 나오는 거야. 그러는 중에 첫 피아노 발표회 때 입었던 옷이 나왔어.

엄마는 알뜰시장에 내다팔거나 재활용 쓰레기로 버리겠다고 하신대. 그래서 아름이는 마음에 들었던 옷이라 슬퍼하고 있단다.

추억이 있는 옷, 소중한 사람이 준 물건. 그런 물건들은 더는 사용하지 않는다고 해서 쉽게 버릴 수가 없겠지? 하지만 그렇다고 해서 언제까지나 장롱 속에 묻어둘 수만은 없지 않겠니?

추억의 물건은 그대로 방치해 두지 말고
특별한 장소에 따로 보관하도록 하자

「버리다」 방법 ③
추억의 물건이라서 버릴 수 없다면 특별대우를

물건이란 사용을 했을 때에야 비로소 활용이 되는 것입니다. 그래서 사용하지 않는 물건은 제때 처분해야 합니다. 그렇기는 하지만 우리는 추억의 물건이라는 것을 누구나 다 하나쯤은 가지고 있습니다.

그런 물건들은 무리해서 억지로 버릴 필요는 없습니다. 하지만 그런 소중한 물건을 소중하게 다루는 방법을 아이들에게 가르쳐 줄 필요는 있을 것입니다.

추억의 물건이라는 이유 하나로 버리지 않고, 평소 사용하고 있는 장롱 깊숙한 곳에서 썩히게 하는 것보다는, 추억의 물건을 소중하게 보관하기 위한 장소로 옮기도록 합시다. 추억의 상자, 추억의 선반, 무엇이든 상관없습니다. 그 특별한 장소로 옮길 필요가 있을 만큼 소중한 물건인지, 아니면 그 정도는 아닌지, 이 또한 버릴 때와 마찬가지로 선택과 판단의 능력을 필요로 합니다.

이 단계를 밟음으로 추억의 물건을 지금까지보다도 더 소중한 추억으로 간직할 수 있는 아이가 될 것이 틀림없습니다. 그리고 평소 사용하는 수납장소도 진정한 수납장소로서 제 기능을 다하게 될 것입니다.

advice

추억의 물건인데, 추억의 상자에 넣어둘까?

무엇이든 다 추억으로서 보존해둘 것이 아니라, 특별한 장소에 보관해 둘 가치가 있는 특별한 물건인지를 아이가 직접 판단하게 하십시오. 얼마 후 다시 그 속을 들여다봤을 때 역시 필요 없는 물건으로 보고 스스로 끄집어내게 하는 일 또한 중요한 작업입니다.

정리정돈의 방정식

　이 장에서 설명한 각각의 항목들은 아래와 같은 관계를 이루고 있습니다. 소위 「정리정돈의 방정식」으로 이 관계를 기억해 주시기 바랍니다.

「정리정돈」 = 「제자리」

　　　「제자리」 = 「지정위치」 + 「정량」 + 「버리다」

「지정위치」의 개념 = 「대분류」 + 「한 동작」 + 「활동하는 장소」

　「정량」의 개념 = 「사용하고 있는 양」 – 「사용하지 않는 가구」

　　　　　+ 「예비품 하나」

「버리다」의 개념 = 「사용할 수 있는 물건」 – 「사용하지 않는 물건」

　　　　　– 「다 사용한 물건」 – 「추억의 물건」

　아이들과 함께 정리를 할 때 혹은 정리하기 쉬운 방으로 만들 때 눈앞에 놓인 문제가 이 방정식의 어느 항목에 해당되는 문제인지를 한번 생각해 봅시다.

　물건을 치우기 힘들어서 그대로 방치하게 되는 것 같다는 느낌이 든다면 그 문제가 「지정위치의 한 동작」이 제대로 지켜지지 않아서인지, 아니면 「정량의 예비품 하나」가 똑바로 지켜지지 않아서 그런 건 아닌지 생각해 보시기 바랍니다. 그렇게 하다 보면 문제점이 어디에 있는지 분명해질 것이라 생각합니다.

　그렇게만 되면 「이유는 알 수 없지만 정리가 안 된다」는 상태에서 벗어나 「이 점을 바꾸면 치울 수 있다」는 상태로까지 나아갈 수 있을 것입니다.

74

3장

정리하기 쉬운 환경조성

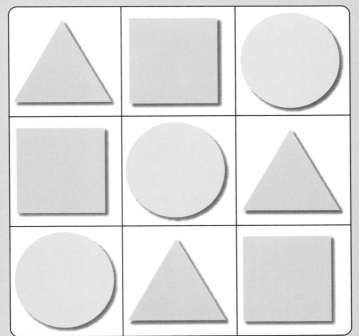

오늘부터 정리정돈의 달인으로 대변신

지금까지 정리정돈이 싫다, 혼자서는 못하겠다고 하던 너도 여기까지 읽었다면 이제 정리정돈 달인의 경지까지 이제 얼마 남지 않았단다. 여기서 다시 한 번 3가지 법칙을 되새겨보도록 하자.

제 1 법칙 「원래 자리」를 정해 놓으면 제자리에 가져다 놓는 일이 쉽다.

제 2 법칙 어떤 장소에 보관할지 정해 놓으면 자기가 물건을 얼마나 가지고 있는지 쉽게 알 수 있게 된다.

제 3 법칙 필요 없는 물건을 제때 버리면 방도 마음도 시원해진다.

이 3가지 법칙을 네 방이나 평소 자주 쓰는 방에서 실천하기만 하면 된단다. 이를 위해서 지금까지의 가구나 물건의 위치를 지금 이대로 둬도 괜찮은지 한번 검토해 보자.

**가구나 물건을 어떻게 놓느냐에 따라
정리정돈이 한결 더 쉬워진단다**

아이들과 함께 만들어 나가는
정리하기 쉬운 환경조성

2장에서는 정리정돈이란 제자리에 가져다 놓는 것과 같은 이치라는 것 그리고 그 제자리에 가져다 놓는 행위를 간편하게 하기 위한 3가지 관점에 대해 설명했습니다.

생활 사이클이라는 그림을 이용해 집 안 물건의 「흐름」이라는 관점에서, 물건을 사용하기 편하고 제자리에 갖다 놓기 편하게 만드는 구조를 「지정위치」「정량」「버리다」라는 3가지 시각으로 파악한 것입니다.

이어서 3장에서는, 아이들이나 부모님들께서 매일 생활하고 있는 「공간」이라는 관점에서, 물건을 사용하기 편하고 제자리에 갖다 놓기 편하게 만드는 구조에 대해 소개하고 있습니다.

이를 위해 만든 것이 오른쪽 그림입니다.

우리가 생활하고 있는 공간은 3가지 시각으로 바라볼 수 있습니다.

그 중 하나가 바로 「물건」입니다. 우리가 사용하고 있는 물건에는 다양한 것들이 존재하며 다양한 사람들이 사용하고 있습니다.

그리고 또 하나는 「사람」입니다. 물건을 누가 사용하고 있는가 하는 것입니다. 여기에는 물건을 어떤 식으로 사용해서 어떤 식으로 생활하고 싶은가 하는 심적 측면이 연관되어 있는데, 이것은 생활방식life style 이라는 말로 바꿔도 될 것입니다.

마지막 하나는 「집」입니다. 우리는 집이라는 그릇 안에서 생활하고 있습니다. 같은 사람이라도 다른 집에 살게 되면 하루하루의 행동이 달라지기 마련입니다. 그 집이 위치한 장소는 물론, 그 집 특유의 방 배치 그리고 동선(動線)까지 다양한 요소들이 얽혀 있습니다.

이 3가지 관점을 따로따로 생각할 것이 아니라 서로 영향을 주고받는 트라이앵글로서 머릿속에 그려보시기 바랍니다.

거실이라든가 아이방이라든가 그런 공간들이 이 트라이앵글의 3가지 시점에서 봤을 때 제대로 반영되고 있는 것 같습니까?

예를 들어 아이들 방인 경우

「물건」= 그 방에서 어떤 물건을 사용하는가, 무엇을 두면 되는가.

「사람」= 아이들은 자기 방에서 무엇을 하면서 시간을 보내는가, 다른 식구들은 아이들 방과 어떤 관계에 있는가.

「집」= 아이들 방은 집 안에서 어느 위치에 위치하는가. 아이들은 집에 있을 때 자기 방과 다른 방을 어떤 식으로 가려 쓰고 있는가.

이런 식으로 아이들과 함께 트라이앵글에 맞춰보면서 방을 꾸며 봅시다.

다음 질문 중 넌 몇 개에 해당되니?

☐ 자기 방이 따로 있지만 거실과 떨어져 있다(복도를 끼고 있거나 다른 층에 있다).

☐ 자기 방이 따로 있지만 잠잘 때 외에는 가지 않는다.

☐ 학교에서 돌아오고 숙제를 하는 곳은 거실 또는 식탁이다.

☐ 낮에 집에서 놀 때는 주로 거실에서 논다.

☐ 저녁 식사 후 거실에서 텔레비전을 보면서 가족들과 함께 시간을 보내는 경우가 많다.

이 가운데 여러 개 해당되는 사람은 그만큼 항상 거실에 있다는 얘기가 되는구나. 그러고 보니 항상 거실을 어지럽혀서 엄마에게 야단을 맞곤 하지 않니?

늘 있는 곳에 치우는 장소를 마련하면 정리정돈이 한결 편해진다

집 안에 아이들의 공간을 만들어 주자

왼쪽 페이지에 있는 아이들에 대한 질문의 의도는, 아이들 방이 따로 있어도 평소에 거실에서 지낸다면 거실에 아이들의 물건을 둘 공간을 마련하자는 것입니다.

아이들이 사춘기를 맞이할 무렵까지는 자기 방이 따로 있어도 가족들 옆에 있으려고 하는 법입니다. 10살 정도까지는 거실에 아이들의 공간을 따로 마련해 주는 것도 좋습니다.

특히 요즘 가정에서는 가족들이 주로 있는 거실과 아이들 방이 떨어져 있는 경우가 많아, 아이들이 물건을 들고 이동하지 않으면 안 됩니다. 예를 들어 단독주택의 경우라면 1층이 거실이나 부엌, 2층에 아이들 방과 부부 침실. 아파트의 경우는 남측에 거실이나 부엌, 북쪽에 아이들 방과 부부 침실. 이런 식이기 때문에 사용할 물건을 부지런히 거실에 옮겨놓아도 제자리에 가져다 놓기가 귀찮아 거실에서 물건의 흐름이 끊기기 십상인 것입니다.

단, 거실은 가족들 공동의 공간입니다. 기본적으로는 모두가 함께 사용하는 물건만을 두도록 하고, 아이들 물건을 치우기 위한 아이들 전용 공간은 한정된 장소로서 따로 구별해야 합니다. 그리고 매일매일 아이들 전용공간의 물건들이 거실 전체를 침식하지 않도록 관리하는 것은 엄마가 해야 할 일이 아니라 아이들에게 직접 시켜야 할 일입니다.

advice

자기 물건은 자기 자리에 갖다 놓자

식사 전, 취침 전 등 거실을 청소할 때, 아이들 공간은 아이들 손으로 직접 정리를 하게 합시다. 물론 3살 정도라면 '장난감을 이 바구니에 치워야지' 라고 구체적으로, 초등학생 정도가 되면 '그림책을 꺼내놓았으면 치워야지' 라고 간단하게, 연령에 맞춰서 표현방식을 달리 해야 하겠습니다.

네 방에서는 무얼 하니?

넌 네 방에서 평소에 어떤 일들을 하며 시간을 보내니?

☐ 공부한다

☐ 아침에 옷을 갈아입는다

☐ 밤에 옷을 갈아입는다

☐ 친구와 논다

☐ 혼자서 논다

☐ 책을 읽는다

☐ 잠을 잔다

네 방에서 해야 할 일과 거실이나 부엌에서 해야 할 일은 역시 다르지 않을까? 그렇다면 네 방에 있는 게 나은 물건과 거실이나 부엌에 있는 게 나은 물건이 따로 있다는 얘기가 되겠네?

자기 방에서 할 일을 정하자

아이들 방을 창고로 쓰지 말자

　초등학교로 올라갈 때 책상과 아이의 방을 마련해 주는 집이 반수가 넘습니다. 혹은 집을 신축했을 때 아이들 방을 마련해 주는 경우도 많을 것입니다. 하지만 앞에서도 언급했듯이 아이들은 사춘기 전까지는 가족들이 있는 거실에서 함께 지내는 경우가 많은 법입니다. 그래서 아이들 방이 왠지 아이들 물건을 그저 보관만 하고 있는「창고」로 변모한 것처럼 보일 것입니다. 현재 그런 상태가 되어 있다고 한다면 지금 한 번 아이들 방의 상태를 뒤돌아봅시다. 그리고 아이들과 함께 아이들 방의 역할이라는 것을 정하도록 합시다. 그 역할에 대해서는 왼쪽 페이지의 아이들에게 하는 질문을 참고해 주시기 바랍니다.

　또, 그와 동시에 '학교에서 돌아오면 책가방은 자기 방에 두도록 하자', '그때 책은 거실로 가지고 오고 숙제는 거기서 하도록 할까?', '외투를 자기 방까지 가지고 가는 건 귀찮을 테니까 현관에 옷걸이 하나 만들자' 이런 식으로 의논을 하면서, 아이들이 물건을 그 물건이 있어야 할 장소에 잘 놓아 둘 수 있도록 행동 유형을 잘 검토해 봅시다.

　아이들의 연령에 따라 아이들 방을 어떤 식으로 꾸며야 하는지에 대해서는 5장에 자세한 설명이 나와 있습니다.

advice　자기 방은 자기 스스로 알아서 관리해야겠지?

언젠가 사춘기로 접어들 무렵이 되면 아이들에겐 자기 방이 소중한 공간으로 자리매김을 하게 됩니다. 그 공간을 쾌적한 공간으로 만들고 그와 동시에 가족들과의 공동생활도 기분 좋게 보낼 수 있는 기술은, 아직 가족들 곁에 머물고 싶어 하는 연령일 때부터 조금씩 교육을 시켜나가는 것이 더 좋습니다.

수납장소는 스스로 결정하자

네가 가지고 있는 물건에는 ∨표시를 하자. 그런 다음 그것을 넣어둘 장소를 아빠 엄마와 상의해서 결정을 하자.

	수납 장소
☐ 옷	----------------------------
☐ 속옷	---------------------------
☐ 양말	---------------------------
☐ 겉옷(외투)	-----------------------
☐ 모자	---------------------------
☐ 유치원 · 학교 책가방	--------------
☐ 학원 가방	------------------------
☐ 교과서 · 공책	---------------------
☐ 학용품	--------------------------
☐ 장난감	--------------------------
☐ 게임	---------------------------
☐ 스포츠용품	----------------------
☐ 책	-----------------------------
☐ 도감 · 사전	-----------------------

수납장소는 자기가 직접 생각해야
나중에 쉽게 정리할 수 있게 된단다

어디에 치울 것인지
아이들 스스로가 생각하게 하자

왼쪽 표를 이용해 아이들이 직접 자기가 가지고 있는 물건을 어디에 두었으면 좋을지 생각하게 하십시오. '어디서 사용하는 물건이지?', '항상 어디서 벗고 있니?', '이건 무거우니까 아무래도 위에 두면 꺼내기 힘들겠지?' 등등. 꼭 물건뿐만이 아니라 자신의 행동에 대해서도 하루하루 뒤돌아보면서 생각을 할 수 있도록 부모님께서 조언을 해 주십시오. 그러면 아이들 스스로 자신의 생각을 정리할 수 있을 것입니다.

자기가 사용하고 있는 물건은 자신의 생활 그 자체입니다. 하루하루 뒤돌아보며 자신의 물건을 둘 장소를 정하는 일은 결국 자기 자신에 대해서 알아가는 일이 되기도 합니다. 그런 과정에서 분명 가슴이 두근거리는 기쁨이 있을 것입니다. 그 기쁨을 맛볼 수 있도록 이끌어줍시다. '그렇구나, ○○는 항상 이렇게 했었구나. 엄마는 전혀 몰랐네', '여기에 두면 확실히 편하겠구나' 등의 말로 거들어 줄 수도 있을 것입니다.

중요한 것은, 그렇게 스스로 결정한 일을 스스로 지키고자 하는 자발적인 마음은 누구나 다 가지고 있다는 사실입니다.

표에는 일반적인 물건들만 적어 놓았습니다만, 이밖에도 수납 장소를 생각해 두고 싶은 물건들이 더 있을 것이라 생각합니다. 엄마가 '○○는?' 이렇게 직접 물어봐도 좋고, '이것 말고도 더 있었나?' 이렇게 질문으로 유도를 하는 것도 괜찮을 것입니다.

advice 혼자 알아서 생각할 수 있다니 믿음직스럽구나

아이들에게 자기 일을 자신의 머리로 직접 판단하여 스스로 결정하는 기쁨을 알게 해 줍시다. 그리고 아이들이 적극적으로 '난 여기에 두는 것이 쓰기 편할 것 같은데요.' 하는 식으로 제안을 하게 하는 건 어떨까요?

그림 1 : 제자리가 분명하지 않다

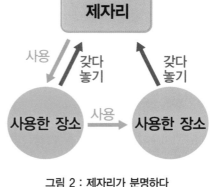

그림 2 : 제자리가 분명하다

제자리에 갖다놓기만 하면 되니까 정리정돈은 어려울 것 없다, 처음에 이렇게 말했던 것 기억하니? 하지만 제자리에 갖다 놓기 위해서는 이「제자리」가 머릿속에 들어 있어야 하겠지? 그것만 확실히 알고 있으면 10분 안에 깔끔하게 치우는 일도 분명 가능할 거야.

10분 안에 깨끗이 치우면 야단맞지 않게 된다

원래 상태가 어떤 것인지 알면
정리정돈을 할 수 있게 된다

계속해서 거듭 설명을 해 왔듯이, 정리정돈이란 다름 아닌 「사용」→
「제자리」의 순환입니다. 이 순환이 다소 정체되는 일이 있을지라도 「원
래 상태」의 이미지를 선명하게 떠올릴 수만 있다면 언제든 정돈된 방으
로 되돌려 놓을 수가 있는 것입니다.

그림 1은 그 「제자리」의 이미지를 선명하게 그리지 못하고 있는 경
우의 모델입니다. 사용한 후에 원래 상태가 어떤 것인지 몰라 또 다른
장소로 옮기기만 할 뿐, 전혀 정리가 되지 않고 있습니다.

그림 2는 「제자리」의 이미지를 선명하게 그리고 있는 경우의 모델입
니다. 원래 상태의 이미지를 선명하게 떠올릴 수만 있다면 어디서 물건
을 사용하든지 쉽게 제자리에 가져다 놓을 수가 있는 것입니다.

그리고 이처럼 쉽게 제자리로 돌려놓을 수 있는가 하는 점이 실제로
우리 일상생활에 있어서는 매우 중요한 일이 아닐까요? 우리는 살아
숨 쉬며 활동하고 있기 때문에 항상 모델하우스처럼 깔끔하게 정리된
집에서 살 수만은 없습니다.

그때그때 어지럽혀져 있어도 10분 만에 치울 수 있는 상태. 바로 그
런 방을 「정돈된 방」이라 부르면 된다고 생각합니다.

advice
「제자리에 ! 」 상태로 만들어놓자

운동회 때 달리기 경주 시작을 알리는 구호는 「제자리에, 준비, 출발 ! 」이
지요. 여기서 말하는 「제자리」라는 것은 언제든지 출발할 수 있는 상태를
가리킵니다. 멍하게 서 있거나 쭈그리고 앉아 신발 끈을 매고 있는 상태
가 아니라는 것입니다. 방에 있는 물건들도 언제든지 「제자리」에 있어 당
장 사용할 수 있는 상태가 바로 「원래 상태」라는 것을 가르쳐줍시다.

정리정돈과 청소는 다르단다

여기서 질문. 「정리정돈과 청소는 다릅니다. 어떻게 다를까요?」

생각 좀 해보았니? 그 대답은 엄마에게 물어보도록 하자.

그럼 다음에 적혀 있는 일들은 정리정돈일까, 청소일까?

- 청소기 돌리기
- 바닥에 나뒹굴고 있는 책들을 책장에 꽂아놓기
- 바닥 걸레질하기
- 책상 위에 있는 장난감들 치우기
- 의자 등받이에 걸쳐놓은 옷을 장롱에 넣기
- 연필깎이 안에 있는 찌꺼기 버리기
- 가방을 벽에 걸어두기
- 쓰레기통의 쓰레기 비우기

정리정돈과 청소는 다르니까
따로따로 하는 것이 편하단다

정리정돈과 청소를 구분해서 생각하자

우리가 청소를 할 때는 대부분의 경우 물건을 치우면서 청소기를 돌리거나 걸레질을 하고 있습니다. 하지만 아시다시피 정돈이란 제자리에 있지 않은 물건을 제자리에 갖다 놓는 행위이며, 청소란 더러워진 상태를 깨끗하게 하는 행위이므로, 둘은 이렇게 서로 완전히 다릅니다.

아이들 방의 경우라면 일단 ①쓰레기를 버리고, ②정돈을 한 다음 ③청소를 하는 식으로 ①~③의 단계로 나눠서 따로따로 시키는 것이 더 수월하게 할 수 있습니다. ①②는 동시에 진행해도 상관 없습니다.

아이들에게 어떤 일을 시킬 때는, 자신이 지금 어떤 일을 하고 있는지 확실히 인식할 수 있도록 말로 명확하게 전해 주는 편이 좋습니다. '일단 방에 있는 쓰레기들을 버리렴', '이제 정리하자꾸나. 안 치운 물건은 다시 제자리에 갖다 놓으렴', '깨끗하게 정리됐네. 그럼 마무리로 청소를 시작하자' 이런 식으로 구분을 해서 전달하도록 합시다.

이 흐름에 익숙해지면 '처음엔 무슨 일부터 한다고 했지?' 이렇게 반대로 물어보는 것도 좋겠습니다. 그저 부모님이 시킨 일에 따르고만 있는 것인지, 아니면 지금 자신이 청소를 하고 있다는 것을 똑바로 인식하고 움직이고 있는 것인지는, 혼자서 행동할 수 있게 되고 난 다음에야 그 차이를 알 수 있게 될 것이라 생각합니다.

advice

정돈을 마저 끝낸 다음에 청소하자꾸나

우선은 정리를 해서 바닥에 나뒹굴고 있는 물건들을 다 치운 다음에 청소에 들어가도록 합시다. 그때의 신호는 '이제 청소기를 돌릴까', '걸레질을 해서 깨끗하게 하자' 등 어떤 말이든 상관은 없습니다. 'OO는 정리를 맡아줄래? 정리가 끝난 곳부터 엄마가 청소할 테니까' 이런 식으로 정리와 청소를 분리해서 작업하는 것도 좋습니다.

네가 정리정돈을 이끌어 봐

친구들이 집으로 놀러 와서 네 장난감으로 재미있게 놀았다고 치자. 그러다가 저녁 시간이 되자 친구들이 집에 가겠다고 했어. 넌 그럴 때 친구들에게 같이 정리하자고 당당하게 말할 수 있겠니?

이럴 때 결국 방이 어지럽혀진 채 시간이 다 돼서 친구들이 돌아가 버리는 경우가 많지 않니? 왜 항상 그렇게 돼 버리는 걸까? 다들 도와주려고는 하는데 왜 쉽게 정리가 안 되는 거지?

그것은 말야, 갖다 놓아야 할 「제자리」는 바로 너밖에 모르기 때문이란다. 이럴 때 네가 앞장서서 정리하면서 친구들에게 제자리를 알려주면 친구들도 정리할 수 있게 될 거야.

**놀이가 끝난 다음에 다 같이
정리를 하면 기분이 더 좋아질 거야**

구체적인 지시를 내리지 않으면
움직이지 않는 아이

아이가 집으로 친구들을 불러와 놀기 시작하면 부모님들은 그 후의 정돈 때문에 곧잘 고민에 빠지게 되지요. 버릇을 들인다는 의미에서도 친구들과 함께 정리를 하게 한 다음 돌려보내고 싶은데, 그렇게 시켜도 좀처럼 잘 되지 않습니다. 나중에 다시 와보면 또 놀고 있거나 해서 어쩔 수 없이 '정리는 됐으니까 어서 집으로 돌아가' 라고 하게 되고 맙니다. 그러면 우리 아이는 '내가 꺼낸 게 아닌데' 하며 울상을 짓겠지요.

지금 이 상황은 평소 정리를 할 때와 똑같은 일들이 벌어지고 있습니다. 엄마만이 치우는 장소를 알고 있고, 아이들은 모르고 있을 때처럼 우리 집 아이만이 어디에 치워야 할지를 알고 있고, 다른 집 아이들은 모르고 있기 때문에 정리가 안 된다는 것입니다.

이럴 때 어머님들께서 나설 수도 있겠지만, 우리 아이들에게 '네가 정리정돈을 이끌어 봐', '어디에 치워야 하는지 잘 알려주렴' 이렇게 가르쳐 놓으면 아이들 힘만으로도 정리정돈을 마칠 수 있지 않을까요?

한발 더 나아가 아이들 사이에서도 정리는 그 날 놀았던 집의 아이가 주도해서 하고, 논 아이들이 다 함께 도와야 한다는 규칙이 생긴다면 더할 나위 없겠지요.

advice

잘 모르겠으면 철수에게 물어보렴

친구 집으로 놀러갔을 때는 그 집 아이에게 어디에다 치워야 하는지 물어보라고 말해 주면 알아서 움직일 수 있게 됩니다. 또, 평소 집에서 심부름을 잘 하지 않았던 아이들은 쉽게 도울 줄 모릅니다. 그런 아이들에게도 여러분은 우리 아이에게처럼 똑같이 대할 수 있을까요? 다른 집 아이들을 타일러 가르친다는 것은 용기가 필요한 일이긴 합니다만.

사용한 후에는 꼭 돌아보자

어? 화장지가 떨어졌네.

누군가 화장실에 들어간 다음에 네가 화장실에 들어갔다고 치자. 그런데 보니까 변기에 오물이 조금 묻어 있었던 거야. 너라도 불쾌한 기분이 들겠지? 게다가 화장지까지 떨어지고 없다면 분명 화까지 날 거야.

그런데 너도 이런 사람처럼 행동할 때가 있지 않을까? 난 절대 아니라고 딱 잘라 말할 자신이 있니? 욕실이나 세면대의 경우는 어떨까? 목욕을 끝낸 욕조 속에 목욕용품이 굴러다니거나 머리카락이 그대로 붙어 있는 경우, 너는 없었니?

내가 사용한 후에 다시 원래 상태로 돌려놓으면 그 다음에 사용할 사람이 기분 좋게 쓸 수 있단다.

**사용한 후에는 다시 점검하기 !
그것만으로도 모두가 기분이 좋아진단다**

함께 쓰는 장소에서의 예절은
집에서밖에 익힐 수 없다

요즘 공공장소에서의 예절이 많이 안 좋아졌다는 말을 흔히들 합니다. 저는 이 공공장소에서의 예절은 집 안의 공공장소에서밖에 익힐 수 없다고 생각합니다. 집 안에서의 공공장소는 거실, 화장실, 욕실, 세면대, 현관 등입니다. 함께 사용하는 장소를 내가 사용할 때 가족에게 어떤 배려를 해야 하는지, 이 연습이 가정에서 이루어지지 않으면 학교나 회사, 혹은 전철 안이나 거리에서 바르게 행동할 수 없습니다.

아이들이 화장실을 사용한 후 그 뒤치다꺼리를 전적으로 어머님들이 하고 계시지는 않은지요. 만 3살 정도만 되더라도 화장지를 갈아 끼우거나 변기에 묻은 오물을 닦는 일 정도는 스스로 할 수 있습니다.

초등학생 정도가 되면 목욕을 끝낸 다음 목욕용품을 가지런히 정리하고, 매트를 똑바로 까는 정도는 알아서 하는 게 당연한 일입니다.

아이들 방이나 아이들 물건에만 한하지 않고 가족들의 공공장소와 가족 모두가 함께 사용하는 물건들에까지 범위를 넓혀서 정리정돈 하는 버릇을 들일 수 있으면 좋겠습니다. 가족들 공동의 장소나 물건을 자연스럽게 정리할 수 있는 버릇이 들여지면 자신의 물건은 알아서 정리할 수 있게 되는 법입니다.

사용한 사람이 정리를 해야 하지 않겠니?

지금까지 엄마가 치워주는 걸 당연하게 생각해 왔던 아이들에게 갑자기 스스로 치우라고 하면 쉽게 행동으로 옮길 수는 없을 것입니다. 하지만 사용한 사람이 치워야 한다는 원칙은 따로 설명을 하지 않아도 될 정도로 아이들도 잘 알고 있습니다. 부모님들이 그것을 당연한 일로 생각하고 가르쳐야만 아이들도 자연스럽게 받아들이고 행동에 옮기게 됩니다.

걸작품은 모두에게 자랑하자

우리 집 전시장

아름이는 미술을 아주 좋아해서 선생님께 자주 칭찬을 받는단다. 그리고 그런 작품을 집에 가지고 가서 엄마 아빠에게 보여드리는 것이 아름이의 즐거움이기도 해.

엄마 아빠도 작품을 보여드리면 잘 만들었다고 칭찬을 해 주시곤 해. 그런데 그 다음에 항상 곤란한 일이 생긴단다. 부모님이 '그럼 잘 보관해 두렴' 이렇게 말씀을 하시는데 서랍에 들어 있는 그림은 벌써 꽉 찼고, 다른 작품도 그냥 책장에 올려놨지만 쉽게 와르르 무너지면서 금세 뒤죽박죽이 돼 버리기 때문이란다. 부모님께 어디에 보관해야 되냐고 물어봐도 잘 보관해 두라는 말만 하실 뿐이고. 이럴 때는 어떻게 해야 되지?

작품을 **모두가 봐주면 기쁘지 않니?**
당분간 걸어둘 장소를 만들어보자

충분히 감상해 주면 아이들이 만족해한다

아이들이 매일 가지고 돌아오는 미술작품들은 항상 어디에 보관해야 할지 고민되는 물건입니다. 이 모두를 추억의 물건으로 보고 하나하나 보관을 하다보면 방대한 양이 될 것이고, 아이들 전용공간에 보관을 해도 점점 초라한 신세로 전락하게 될 뿐입니다. 사진으로 찍어서 남기고 실물은 처분하는 식으로 해결한다는 이야기도 종종 들어본 적이 있습니다만, 일일이 다 그렇게 하는 것도 만만한 작업은 아닐 것입니다.

아이들이 작품을 가지고 와서 아직은 버리지 말아 달라고 할 때는 꼭 앞으로도 계속 보관해 달라는 뜻으로 하는 말은 아닌 듯합니다. 지금 부모님께 잠깐 보여드리기만 했을 뿐이니 아직은 조금 더 보관해서 감상해 주길 바라는 아쉬운 마음, 이렇게 표현하면 될까요?

저는 아이들의 이런 미술작품에 있어서도 집 안에서 골칫덩이 신세로 두기보다는 역시 순환 사이클을 만들어줄 것을 권해 드리고 싶습니다. 냉장고에 붙이거나 텔레비전 선반, 또는 책장 한 칸을 통째로 보관 장소로 하는 등… 어디든 좋으니 장식할 장소를 마련해 둡시다.

아이들이 작품을 건네주면 그 장소에 걸어놓았다가, 아이가 이제 됐다고 하면 그 때 버리면 되는 것입니다. 좀 더 걸어달라고 할 때 아이 말대로 조금 더 걸어놓으면 아이들은 흡족해합니다. 이것만은 따로 보관해 달라고 부탁할 때는 추억의 보관 상자에 옮겨 보존하도록 합시다.

> **advice** **정말 잘 그린 그림이구나. 그럼 이제 「안녕」 하자**
>
> 버리기 전에 다시 아이들과 함께 작품을 감상한 다음에 작별 인사를 해주면 작품을 함부로 대한다는 느낌이 들지 않아서 좋습니다. 버릴 때도 아이가 보는 앞에서 꾸겨서 버리지 말고, 예쁘게 접어서 쓰레기통이 아닌 재활용 쓰레기 분류 상자에 넣는 등의 배려도 필요하지 않을까요?

가옥구조에 대한 지나친 강박관념은 정리정돈을 방해한다

다양한 수납방법에 대해서도 배웠고, 물건도 신경 써서 고르고 있는데 이상하게 잘 정리가 안 되는 사람이 있습니다.

그런 사람들 중에는 이따금 가옥구조에 대한 강박관념을 가지고 있는 경우도 있는 것 같습니다.

예를 들어 집을 개축할 때 아이들 방을 추가로 만들기로 했다고 칩시다. 그렇게 했을 때 아이들 물건은 아이들 방이라는 이름의 방에 두지 않으면 안 된다는 생각을 갖게 됩니다. 또는 거실 옆에 있는 작은 방이 하나 있는데, 당초 객실이나 침실로 사용할 수 있겠다고 한 생각이 머리에서 떠나지 않아 아이들 물건을 거기 두어도 임시보관소로밖에는 취급하지 않는다는 것입니다.

여러분은 정해진 방 배치도 이외의 사용 용도는 있어서는 안 된다는 강박관념에 사로잡혀 계시지는 않은지요. 다른 이름의 방에 있어야 할 물건을 두면 「임시」 「일시적」이라는 시각으로 바라보고 계시지는 않습니까?

생활은 끊임없이 이어지고 있으며, 아이들뿐만 아니라 어른들의 생활도 계속해서 바뀌고 있습니다. 현재의 가족들의 생활을 직시하여, 그에 기초해서 지금 필요한 물건들을 배치하고 방의 사용법을 생각한다면 생활이 많이 개선될 것입니다. 생활이 바뀌면 그때 가서 다시 방의 용도를 바꾸면 그만입니다.

아파트건 단독주택이건 그 집에 사는 사람이 용도를 자유롭게 바꾸면 그만인 것입니다.

79페이지에 실은 「공간의 트라이앵글」이라는 개념은 물건이나 사람, 가옥의 상태를 모두 고려한, 자유로운 공간 활용에 큰 도움을 드릴 수 있을 것이라 확신합니다.

4장

「나만의 규칙(My Rule)」을 만들자

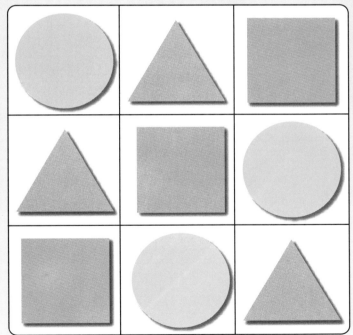

규칙이란 스스로 만드는 것

많은 일들을 척척 해내는 사람과 금방 게으름을 피우는 사람은 어떤 차이점이 있다고 생각하니? 학교에서는 시간에 맞춰서 공부를 하거나 식사를 할 수 있는데, 집에서는 숙제를 하거나 노는 시간을 제대로 지키기 힘든 것은 어째서일까?

학교에서 시간을 지키기 쉬운 것은, 그것이 학교에서 곧 「모두의 규칙」이 되었기 때문이란다. 집에서도 척척 일을 해낼 수 있는 사람들은 바로 이 자신만의 규칙을 가지고 있기 때문이지.

정리정돈이나 엄마 심부름, 어떤 일이라도 좋으니까 나만의 규칙이라는 것을 만들어보자. 자신이 만드는 규칙은 다른 누군가가 정해준 규칙보다도 더 지키기 쉬운 법이란다.

 나만의 규칙이 생겼다면
이제 **실천**하는 일만 남았네

정리정돈을 위한 규칙을 만든다

식사를 마쳤으면 식기를 부엌에 갖다놓으라고 아이들에게 말해도, 아이들이란 다음 식사 때면 벌써 까맣게 잊곤 합니다. 이것은 식사를 마쳤을 때 각자 자기 식기를 부엌에 갖다놓는 행위가 가정 안에서 규칙으로 자리 잡고 있지 않았다는 이야기가 됩니다. 어머니 혼자서만 그것을 당연한 규칙으로 여기고 있을 뿐이고, 아이들은 시키니까 했을 뿐이라는 상황만 반복하게 되는 것입니다. 하지만 이런 상태로는 언제까지나 발전이 없습니다.

자녀들과 함께 「정리정돈의 규칙」을 정합시다. 꼭 정석적인 규칙일 필요는 없고, 우리 가정만의 규칙을 만들면 됩니다. 가능한 한 부모가 「이렇게 하자」는 식으로 일방적으로 통보하는 일은 피했으면 좋겠습니다. 아이들이 스스로 정한 규칙이라고 인식할 수 있도록 잘 대화를 이끌어주시기 바랍니다.

2, 3살 된 아이들도 자기 규칙은 열심히 지킵니다. 신체능력에 맞춰서 가능한 일들을 「아이와 엄마가 함께 정한 우리 집의 규칙」으로 만들어나갑시다. 그리고 우리 집의 규칙을 정했으면, 이제는 지금 당장 시작할지 말지 고민하는 일에 에너지를 낭비하지 말고 무조건 실천하는 일에 에너지를 쏟도록 합시다.

advice 스스로 정한 일이니까 못 지키면 창피하겠지?

아이들은 어른들 이상으로 강한 정의감이나 윤리관을 가지고 있는 듯합니다. 아이들이 스스로 결정하는 「나만의 규칙」은 대부분의 경우 매우 정당한 내용들입니다. 때로는 그것이 너무 지나쳐 '조금 더 편한 것으로 정해도 된단다' 라고 조언을 해 줄 필요까지 있을 정도입니다. 스스로 정한 일이라는 것에 대한 책임감 또한 아이들은 이미 모두 갖추고 있습니다.

보이지 않는 규칙이 있지 않을까?

「보이지 않는 규칙」이 보이는 표

- _____
- _____
- _____
- _____
- _____

철수는 항상 '그것 봐, 책가방을 바닥에 내팽개친 채 또 그대로네', '티셔츠랑 런닝셔츠를 겹쳐 벗어서 빨래바구니에 넣은 게 도대체 몇 번째니?' 이런 야단을 맞는단다. 항상 듣는 야단인데 어째서인지 버릇을 고치지 못하는 것 같아. 철수 성격이 칠칠치 못하기 때문일까?

그렇지 않단다. 실은 이 「책가방은 바닥에 둔다」 「셔츠는 두 장이 겹친 채 단번에 벗는다」가 철수네 집에서 「보이지 않는 규칙」이 돼 버린 거란다. 보이지 않는 규칙은 자기 스스로도 모르고 있는 것이 보통이야.

너에게도 그런 보이지 않는 규칙들은 없는지 한번 살펴보렴. 그리고 그 「보이지 않는 규칙」을 「보이는 규칙」으로 만들어서 그것을 그대로 두어도 괜찮을지를 다시 한 번 생각해 보도록 하자꾸나.

 보이지 않는 규칙을 우선 보이는 규칙으로 만들어보자

아이들에게 자신의 행동이 어떤지 알려주자

대부분의 경우, 누구나 자기가 편한 대로 생활을 하는 법입니다. 아이들이 바닥 위에 책가방을 두는 것은 책상 옆에 달린 고리에 거는 것보다 편하기 때문입니다. 이렇게 무의식적으로 반복하고 있는 편한 방법들이 습관이 된 것을 가리켜, 여기서는 「보이지 않는 규칙」이라 부르고 있습니다.

우선은 「나만의 규칙」을 정하기에 앞서 「우리 집의 보이지 않는 규칙」을 살펴보도록 합시다. 보이지 않는 규칙이 보일 수 있게 되면 어떤 새로운 규칙들이 필요한지도 알 수 있게 됩니다.

보이지 않는 규칙을 찾아내는 방법은 간단합니다. '무엇인가 제대로 돌아가고 있지 않은데', '늘 아이들에게 야단만 치네' 이런 생각이 들게 하는 사안들을 검토해 보면 곧바로 찾아낼 수 있을 것입니다.

「보이지 않는 규칙」이란, 곧 그 방법이 바람직하지 못한 사태를 낳는 습관을 말합니다. 예를 들면, 「셔츠는 두 장이 겹친 채 한꺼번에 벗는다」, 이것은 그 시점에서 아이들은 편할 수는 있겠지만, 세탁을 하는 어머니들이 고생을 하게 되니까 바꾸는 것이 좋을 것입니다.

전체적으로 봤을 때 어떻게 해야 보다 더 편하게, 그리고 일이 더 원활하게 돌아가게 될지, 이 점에 주안점을 두고 보시면 될 것 같습니다.

보이지 않는 규칙이 보이기 시작하면 나만의 규칙도 정하기 쉽지?

자신이 평소 반복하고 있는, 버릇이나 생활 유형을 분명히 인식하게 되면 그 원인이 되는 문제점이나 새로 도입해야 할 대안들이 눈에 보이기 시작합니다. 우선은 부모님들께서 'OO야, 왜 항상 이렇게 하니?' 이렇게 지적하지 마시고, 아이들 스스로가 생각을 할 수 있도록 유도해 봅시다.

꺼내 썼으면 제자리!
이건 약속이란다

꺼내 썼으면
제자리에

정리정돈은 간단해. 제자리에 갖다놓기만 하면 되니까 말이야.

밖에 나와 있는 물건들을 제자리에 갖다놓기만 해도 정리정돈을 잘할 수 있게 돼. 하지만, 그 이상으로 더욱 더 잘할 수 있게 되는 규칙이 또 있단다.

그것은 바로 「꺼내 썼으면 제자리」란다. 가위를 꺼내 썼으면 그 자리에서 바로 원래 자리에 가져다 놓는 것.

나도 모르게 아무 곳에나 내팽개치고 싶더라도, 그렇게 하기 전에 「꺼내 썼으면 제자리!」 이 말을 자신에게 되새겨 봐.

처음에는 규칙을 지키기 위해 엄청 노력해야 할지도 모르지만, 시간이 지나면 점점 익숙해져서 어느새 자연스럽게 「꺼내 썼으면 제자리」를 할 수 있는 사람이 되어있을 거야.

 「꺼내 썼으면 제자리」 이 규칙을 지킬 수만 있다면 정리정돈을 할 시간이 따로 필요 없겠지?

정리정돈의 왕도

이「꺼내 썼으면 제자리!」를 지킬 수만 있다면 정리정돈 시간이 따로 필요 없어질 것입니다. 하지만 실천하기가 힘들다는 점 때문에 대부분의 사람들이 정리정돈 때문에 고민하는 것이겠지요.

하지만 실천하기 힘들기 때문에, 그것이야말로 어린 나이부터 습관이 되어야만 어른이 된 후에 편해질 것입니다.

'엄마가 치우라고 하거나 야단을 맞으니까 어쩔 수 없이 치우는 것이 아니라, 네 자신이 스스로 「꺼내 썼으면 제자리」의 규칙을 지킬 수 있겠니?' 라고 아이에게 물어봅시다. 이때 아이가 못하겠다고 하면 '어떻게 하면 할 수 있을 것 같니?' 라고 말하고 아이들이 그 방법을 스스로 발견할 수 있도록 이끌어주십시오.

그런 다음「자신만의 규칙」으로 자리 잡기 시작하면 더 이상 어머니께서 간섭하시면 안 됩니다. '가위가 책상 위에 그대로 있네' 라든가, 현황을 지적하는 정도로만 끝내시기 바랍니다. 아이들이 가엽게 느껴져도 그것을 꾹 참고 아이들 스스로 직접 움직이게 하는 것이 부모의 역할이라고 생각합니다. 그러는 과정에서 차차 아이들이 야단을 맞기 때문에 어쩔 수 없이 하는 것보다 야단을 맞기 전에 알아서 행동에 옮기는 게 더 낫겠다는 생각을 갖게 된다면 더 바랄 것이 없겠지요.

advice 꺼내 쓴 다음에 제자리에 갖다 놓으면
나중에 편하단다

어떤 일이든 대부분의 경우 그 자리에서 바로 끝내 버리는 것이 가장 편한 법입니다. 「꺼내 썼으면 제자리」가 곧 정리정돈의 왕도이기는 합니다만, 단순히 규칙으로 정했기 때문에 지키자는 식이 아니라, 그것이 곧 정리정돈을 위한 가장 편한 방법이라는 것을 가르쳐주면 더욱 효과적입니다.

부모님이 치우라고
하실 때가 치울 때야

이제 치워라

정리시간!

네~!

엄마나 아빠가 갑자기 무서운 얼굴로 '얼른 치워라' 이렇게 말씀하실 때가 있지 않니? '모처럼 텔레비전를 재미있게 보고 있는데' 또는 '지금 막 숙제를 하려던 참이었는데' 이런 생각을 하고 있을 때라도 넌 부모님 말씀이 떨어지기가 무섭게 바로 움직일 수 있을까?

어른들은 아이들과 달라서 '나중에 9시까지 ○○를 해야 하니까 지금 치워두지 않으면 안 돼' 또는 '조금 있으면 친구들이 집으로 돌아가야 할 시간이니까 지금부터 다 같이 정리를 시작하는 게 나아' 등등, 여러 가지 일정들을 염두에 두고 말을 한단다. 그러니까 어른들이 말씀하실 때는 '아, 지금이 치워야 할 때구나'라고 생각하고 무조건 바로 움직일 수 있도록 하자.

**시켰을 때 바로 움직일 수 있는 사람은
무엇이든 할 수 있는 사람이 될 수 있단다**

치워야 할 때를 알려주는 것도 부모의 역할

정리정돈이란, 주변에 있는 물건들의 분류를 통해 세상을 파악하는 지적능력의 발달과 더불어 신체적 능력의 발달과도 연관이 있습니다. 또한 「순환」이라는 표현을 썼듯이, 지금 현재시점 뿐만 아니라 조금 더 앞까지 내다볼 수 있는 시간관리 능력이나 계획력, 주변상황에 민감하게 반응할 수 있는 능력, 함께 있는 사람들에 대한 배려까지 할 수 있는 힘 등 다양한 능력과도 연관이 됩니다.

한마디로 말해서 어른이 되어서야 겨우 정리정돈을 무리 없이 해낼 수 있는 것이 당연하다는 뜻입니다. 어릴 때는 기초적인 사고방식이나 행동이 몸에 배이기만 하면 되는 것이고, 10번 해서 3번 해 낼 수 있으면 만족한 결과로 너그럽게 생각해 주시기 바랍니다. 게다가 아이들의 경우 놀고 배우는 일에 꽤 바쁘다 보니 정리하는 데까지 마음이 미치지 않는다고 해도 어쩔 수 없는 일이 아니겠습니까.

아이들이란 정리능력도 미숙하고 늘 정리하는 일에만 매달리는 것도 아닙니다. 그렇기 때문에 더더욱 부모님들이 치워야 할 바로 그때를 알려주실 필요가 있는 것입니다. 그리고 시켰을 때 바로 행동에 옮기는 일 정도는 아이들도 할 수 있는 일입니다.

치우라고 할 때 바로 치우는 것, 이 또한 중요한 「나만의 규칙」이 될 수 있습니다.

advice 시켰을 때 바로 할 수 있다니 참 대단하구나

치워야 할 바로 그때를 포착하는 일은 아이들에게 어려운 일이기는 합니다. 하지만 시켰을 때 바로 행동에 옮길 수 있는 힘은 어른이 되고 난 후에도 다양한 면에서 큰 도움이 되어줄 것입니다.

자기 일은 자기가 하자

자기가 해야 할 일

- _____
- _____
- _____
- _____
- _____

집안일은 무조건 엄마가 해야 한다고 생각하고 있지는 않니? 물론 심부름을 열심히 도와주는 너도 잘하고 있지만, 사실은 난 안 해도 되는데 엄마가 힘드시니까, 학교에서 그렇게 하라고 시켰기 때문에 도와주고 있을 뿐이라는 생각을 하고 있지는 않니?

집은 식구들 모두가 식사를 하거나 목욕을 하거나 편하게 휴식을 취하는 소중한 장소야. 그래서 가족들 모두가 함께 집안일을 하는 것이 당연한 일이란다.

우선은 자기 일은 자기가 알아서 하자. 예를 들어 자기가 벗어놓은 신발을 가지런히 맞춰놓는 일 정도는 자기가 알아서 해야겠지?

자기 일을 자기가 하는 것은 훌륭한 어른이 되기 위한 첫걸음이란다

아이들 자립시키기

어머니에게 있어서 자녀들이란 언제까지나 지켜줘야 할, 연약한 존재입니다. 기저귀를 차던 아이가 혼자서 화장실에 갈 수 있게 된 다음에도 오줌은 마렵지 않은지 항상 물어보는 등, 어머니는 자기도 모르게 언제까지나 손을 내밀고 있는 것입니다.

하지만 조금 더 앞을 내다봅시다. 아이들은 어느새 훌쩍 자라 있을 것입니다. 어머님이 체육복을 챙겨주지 않아도 혼자서 체육복을 예쁘게 접어서 챙겨갈 수 있을 것이고, 외투를 벗을 수 있게 도와주지 않아도 혼자서 벗어 옷걸이에 걸을 수도 있게 될 것입니다.

이밖에도 과자를 먹고 난 다음 접시를 씻어서 건조대에 놓아둘 수도 있고, 세탁물은 혼자서 접어 장롱에 넣는 등 다양한 일들을 할 수 있게 될 것입니다. 그러한 작업들을 아이들에게 직접 시킴으로써 아이들은 다양하고 현실적인 능력을 갖추게 되고, 또 학력으로 이어지는 사고력까지 키우게 된다는 보고도 있습니다.

어머니로서는 자신이 손수 해 주는 것이 속 편할 것입니다. 하지만 아이들이 훌륭하게 자립할 수 있도록 곁에서 지켜봐주는 존재가 되어주는 것이 보다 바람직할 것입니다.

**우리 ○○가 자기 일을 알아서 하니까
엄마한테 큰 힘이 되네**

아이들은 엄마가 기뻐하는 일은 자기 일 이상으로 기뻐하는 법입니다. 더욱이 그것이 자신의 자립심에 관련된 일이라면 자신이 인정받았다는 자신감으로도 이어질 것입니다. 조금이라도 기쁜 일이 있거나 도움이 되었다고 생각한다면 가능한 한 그 마음을 말로 해서 아이에게 전해질 수 있도록 합시다.

인쇄물은 알아서 드리자

철수의 책가방 밑바닥에는 언제나 꾸깃꾸깃해진 인쇄물이 들어있단다. 엄마가 '오늘 학교에서 나눠준 인쇄물은 없었니?'라고 물어보시면 '없어요'라고 말해놓고서는, 밤이 돼서 내일 수업준비를 하고 있을 때 찾아내 '지금 보니까 있었어요'라고 하면서 늦게 드리곤 해.

아름이의 경우는 인쇄물은 연락장에 예쁘게 끼워놓고 가지고 오지만, 숙제를 할 때 책상 위에 꺼낸 채로 놔두고 엄마에게 드리는 것을 깜빡할 때가 자주 있단다. 엄마가 방 청소를 하면서 발견할 때까지 그대로 내버려 두는 거지.

매일 학교에서 나눠주는 인쇄물. 어떻게 하면 엄마에게 똑바로 보여드릴 수가 있을까? 시험지는 어떻게 해야 하지?

 학교에서 돌아오면 먼저 엄마에게 인쇄물을
드리기로 규칙을 정하면 깜빡하는 일은 없을 거야

인쇄물을 순환시키는 규칙 만들기

아이가 초등학교에 들어간 후로 많은 어머님들이 대량의 인쇄물 때문에 당황하시는 것 같습니다. 1년간 사용해야 할 것부터 한 주 단위로 나오는 것까지 무척 다양한 종류가 있어서 무심코 모두 챙겨두는 분들도 계십니다. 냉장고에 몇 달치의 인쇄물이 덕지덕지 붙어있는 집도 있었습니다.

한번 아이들과 함께 인쇄물의 순환에 관한 규칙을 정해 보도록 합시다. 인쇄물은 학교에서 돌아오면 바로 엄마에게 건네주는 것을 규칙으로 합시다. 만약 아이가 그것을 깜빡해서 학교에 가지고 가야할 준비물을 당일 날까지 준비하지 못했다 하더라도 그것은 아이가 책임을 지도록 합니다.

부모님들 역시 받은 인쇄물을 어떻게 할 것인지 규칙을 만들어야 합니다.

예를 들어 연간 일정표는 달력에 옮겨 적고 바로 처분하도록 합니다. 매달, 매주 집으로 오는 공지사항들은 최신 것을 냉장고에 붙이고, 다음 공지가 오면 지난 것은 바로 버리도록 합시다.

어떤 식으로 처분할 것인가에 초점을 맞춰 생각해 보시면 올바른 순환구조가 만들어질 것입니다.

---

advice

우리 ○○가 안 주면 엄마가 볼 수 없겠구나

인쇄물이나 시험지를 순환시키기 위해서는, 첫째로 아이들이 직접 가방에서 꺼내서 부모님께 보여드리거나 정해진 장소에 두지 않는 이상은 어떻게 할 도리가 없습니다. 이 부분에 있어서는 '이 일은 네가 책임져야 할 일이야'라고 말하고 아이에게 맡기는 것이 좋겠습니다.

엄마에게
세탁을 부탁할 땐
어떻게 해야 할까?

빨래 바구니

체육복

급식용 위생복

학교에서 가지고 돌아온 체육복이나 급식용 위생복, 실내화 같은 건 어떻게 하고 있니?

방에 아무렇게나 놔두어도 어느샌가 깨끗하게 세탁되어 잘 개켜진 채로 돌아와 있곤 하지? 하지만 계속 그런 식으로 한다면 갓난아기들과 다를 게 뭐겠니?

엄마에게 빨래를 부탁하고 싶으면 세탁물을 둘 장소를 정해 놓고 그 곳에 두도록 하자. 꼭 체육복뿐만 아니라 의자 방석이나 어떤 물건의 덮개 따위도 '더러워졌으니까 빨아야 되겠다'는 생각이 들면 그곳에 가지고 가서 두기만 하면 되는 거지.

엄마도 그렇게 하는 편이 훨씬 더 일이 편해지실 거야.

**어떤 일을 해 주길 바랄 때
그것을 알리기 위한 규칙이 있다면 편하겠지?**

어머님들! 「헤아림」에서 벗어납시다

우리 어머니들은 아직 말을 못하는 갓난아기의 마음을 헤아리는 것 같은 태도로 아이들을 기르고 있습니다. 사랑하는 아이의 마음을 헤아리는 힘이야말로 진정한 모성의 힘인지도 모릅니다.

하지만 언제까지나 하나부터 열까지 아이의 마음을 미리 헤아리며 지극정성으로 돌보기만 해서는, 아이들은 아무리 시간이 지나도 자립할 수 없습니다.

우선은 어머님들이 「헤아림」에서 졸업을 합시다. 헤아려주고 싶은 마음은 굴뚝같을지라도, 그렇게 하지 않는 것이 곧 아이들을 위한 일이라고 생각합니다.

어머니가 빨래해 주는 걸 당연하게만 생각하는 아이에게 세탁해 달라는 의사 표현을 하도록 가르쳐야 합니다. 빨랫감 외에 단추 꿰매기, 소매길이 조절, 다림질 등에 있어서도 마찬가지입니다. 아이들이 단추가 떨어졌으니까 달아달라고 가져오면 그 때 달아주는 등의 규칙을 만들어도 좋을 것 같습니다.

이런 작은 규칙들을 실천해 나가는 과정을 통해 자신이 원하는 것을 상대에게 명확하게 전하는 방법을 배운 아이들은, 다른 사람들과 원만한 인간관계를 맺을 수 있는 사람으로 성장해 나갈 수 있습니다.

무엇을 원하는지 말해 주지 않으면 엄마도 알 수가 없단다

가장 가까이서 지내는 부모라도 아이가 입을 꾹 다물고 있으면 그 마음을 알 수가 없습니다. 그러니 자신의 생각을 전하기 위한 노력을 하지 않는 한 다른 사람들은 그 누구도 알아서 헤아려 주지 않습니다. 이런 사실을 부모님들이 일찍부터 가르치는 것이 무엇보다도 중요합니다

여러분의 「나만의 규칙(My Rule)」을 적어봅시다

-

-

-

-

● 어머님, 아버님의 한 말씀

5장

정리정돈을 잘하는 아이로
키우기 위한 방 만들기

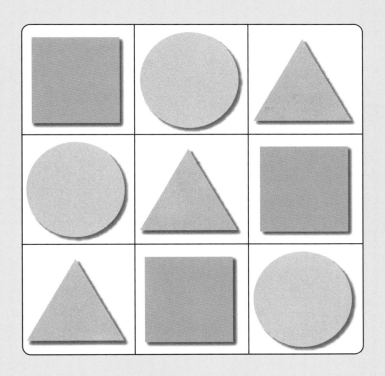

「아이들 방」을 어떻게 바라볼 것인가

　요즘은 「아이들 방이 방콕족*을 양성하고 있다」, 「머리가 좋은 아이들은 자기 방에서 공부하지 않는다」는 정보들이 나돌고 있는 한편, 「아이들의 방이 자립을 위해서는 반드시 필요하다」, 「아이들 방과 탈선과는 직접적인 관련이 없다」고 말하는 전문가들도 있습니다. 더욱이 지금은 휴대전화가 있기 때문에 이제 더 이상 아이들 방은 그런 문제와는 상관이 없다는 의견까지 있습니다. 부모들의 입장에서는 아이들에게 따로 방을 제공해야 하는지, 그렇다면 그 시기는 언제쯤이 좋은지, 갈수록 혼란스러운 상황에 놓여 있는 것 같습니다.

　아이들의 방과 관련해서는 전문가들도 명확한 지침을 내놓지 못하고 있는 가운데, 저는 몇몇 연구와 실천의 장을 통해 비교적 선명한 이미지를 그려 보았습니다.

　이번 장부터는 주로 보호자분들을 위한 내용을 실었으며, 아이들 방을 어떻게 제공해야 하는지 단계별로 나누었고, 그 각각의 단계에 따라 어떻게 정리정돈을 해야 하는지에 대한 설명에 중점을 두고 있습니다.

 아이들 방의 역할에는 물심 양측면이 있다

　심적인 면에서는 아이가 혼자서 울 수 있는 장소, 좋아하는 이성 친구에 대한 일을 몰래 일기에 적을 수 있는 공간, 이렇게 생각하시면 되겠지요. 자녀들이 가끔은 혼자 조용히 울고 싶어지는 나이가 되었을 때, 부모보다도 소중한 사람이 생기는 나이가 되었을 때는 혼자 있을 수 있는 공간이 따로 있는 편이 좋다는 것입니다.

그런 연령대가 바로 사춘기(만 10세 이후부터 만 15세 전후까지)입니다. 사적인 공간은 자립심을 키우기 위한 단계로서 반드시 필요한 과정이라고 생각합니다.

또 하나 물적인 면에서도 중요한 역할을 맡고 있습니다. 아이들 방은 아이들의 사적인 물건을 둘 수 있는 공간입니다. 아이들은 자기 방에서 자신의 물건을 사용하기 편하도록 배치를 하거나 정리를 하거나 멋진 장식품으로 꾸미면서 사물과의 상호소통을 꾀하고 있습니다. 작은 공간에서 자기 물건과 소통함으로써 더욱 큰 공간이나 가족들의 물건, 회사의 물건과도 원활하게 소통할 수 있는 기초적인 힘을 기르게 되는 것입니다.

 아이들의 성장에 맞춰 아이들 방을 주는 것에 대한 의미

따라서 저는 아이들의 성장에 맞춘 단계를 거치면서 아이들에게 방을 제공하실 것을 권해 드리고 싶습니다. 116쪽부터 상세하게 설명이 되어 있습니다만, 이런 단계를 거치는 과정에서 아이들 스스로가 자신의 성장을 실감할 수 있는 장점도 있습니다. 예컨대 '이제 초등학교에 들어갔으니까 책상을 둘 수 있는 방을 만들어야겠네' 라는 말을 들으면 '아, 나는 이제 초등학생이구나. 이제 자기 일은 자기가 알아서 해야지' 라는 생각을 하게 된다는 것입니다.

115

그리고 부모님의 입장에서도 '언제까지나 어린 아이가 아니라 혼자서도 정리를 할 수 있는 나이가 됐구나' 하고 자녀들의 성장을 확인할 수 있는 장(場)이 될 수도 있는 것입니다.

아이들의 자립을 목표로 「아이들 방」이라는 공간을 효과적으로 활용해 보시기 바랍니다.

아이들만의 공간을 고려하자

아이들 방에 대한 생각을 하기에 앞서, 우선 아이들이 집이나 가족이라는 틀 안에서 어떤 위치에 자리 잡고 있는지에 대해 잠시 생각을 해 봅시다.

어른이나 어린 아이 할 것 없이 '아, 여기가 내가 있을 곳이구나' 라고 생각할 수 있는 장소가 있으면 마음이 편안해지고 안심할 수가 있습니다. '나는 나구나' 하고 스스로를 인정할 수도 있게 됩니다. 거꾸로 자신이 있을 자리가 보이지 않으면 소외감 때문에 괴로운 고민에 빠질 수밖에 없습니다.

성장에 따라 바뀌는 자신만의 공간

아이들에게 있어서 자기가 있을 자리는, 처음에는 엄마의 곁일 것입니다. 엄마가 옆에 있다면 어디든 상관이 없습니다. 그러다가 서서히 엄마나 가족들의 기척을 느낄 수만 있다면 꼭 옆에 붙어 있지 않아도 안심할 수 있게 되고, 그 대신 자신의 장난감이 있는 장소 등, 자기 물건이 있는 곳이나 좋아하는 장소가 자기가 있을 자리로서 큰 비중을 차지하기 시작합니다.

아이들 방이 정말 중요한 의미를 갖기 시작하는 것은 엄마 곁을 떠나 바깥 장소에 익숙해지기 전까지의 중간시기쯤이 된다고 보고 있습니다.

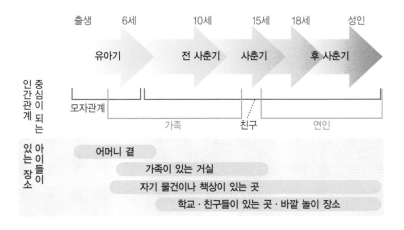

아이들 방의 역할(기능)의 단계

위 그림과 다음 페이지의 그림을 비교해 보시기 바랍니다. 아이들에게 있어서 자신의 방이 어떤 의미를 갖게 되는지, 시기를 따라 대충 파악하실 수 있겠습니까?

자녀가 초등학교에 입학한 것을 계기로 새로 집을 구입하거나 개축을 하면서 그와 동시에 아이들 방을 마련하는 가정을 흔히 볼 수 있습니다.

　그럴 때는 잠시 이 그림을 머리에 떠올리시면서 아이들 방은 10년 정도는 중요한 위치를 차지하지만 그 밖의 기간에는 그저 아이들의 물건만 두는 공간으로 전락한다는 점을 염두에 두시기 바랍니다.

　그런 관점에서 가족들의 공간을 어떻게 꾸밀지 그리고 가옥구조에 얽매이지 않고 그때그때 상황에 따라 가족들에게 필요한 용도를 생각해낼 수 있다면, 분명 훨씬 더 편리하고 안락한 집이 될 수 있을 것입니다.

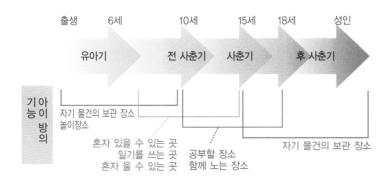

＊방콕족 : 일본어로 히키코모리(틀어박히다)라고 하는데 1970년대부터 나타나기 시작해 사회문제로 떠오른 1990년대 중반 은둔형 외톨이, 즉 사회생활에 적응하지 못하고 집안에만 틀어박혀 사는 사람들을 일컫는다. 1990년대 말부터 한국에서도 나타나기 시작한 '방안에 틀어박혀 사는 사람들'을 일컫는다.

만 3살까지는「엄마 곁」이 아이들 방

 엄마가 있는 자리에 아이들의 공간을 마련해 주자

스스로 움직일 수 있게 되는 만 1세 전후부터 자기주장이 강해지는 만 3살 정도가 되기 전까지는 엄마와 아이는 이른바 일심동체와 같은 느낌일 것입니다. 아이들이 노는 장소도 엄마의 무릎 위거나 엄마와 붙어있는 자리입니다. 잠깐 혼자 놀고 있더라도 조금 있으면 '엄마, 이것 좀 봐', '이것 어떻게 해야 돼?' 이렇게 엄마에게 말을 걸어옵니다.

이 시기는 엄마 곁이 아이들의 공간입니다. 단, 아이들의 물건을 보관할 장소로는 평소 어머니들이 지내시는 부엌이나 거실 한 구석에다 아이들의 공간을 마련하도록 합시다.

그 요령은,

❶ 주변 물건부터 독립시킬 것

갓난아기일 때는 부모의 장롱에 옷을 같이 넣거나 가구 한 구석에 기저귀를 보관하는 등, 그 아이의 전용공간을 따로 만들지 않는 경우가 많을 것입니다.

하지만 만 1세 정도가 되면 장난감을 비롯한 아이의 물건들도 분명 늘어날 것입니다. 작아도 좋으니 아이들의 전용공간을 따로 만들어주면 오히려 정리하기도 편합니다. 그리고 아이들 입장에서도「아, 여기가 내 자리구나」라는 생각을 갖게 됨으로써 그 아이의「자기만의 공간」으로 자리 잡기 시작합니다.

❷ 정리정돈의 규칙을 만들 것

만 1세 정도의 아이들에게도 쓰레기는 쓰레기통에 버려야 된다는 사실이나, 속옷은 저 서랍에 들어 있다는 것 정도는 알고 있습니다. 이 정도 시기부터는 놀이의 연장선 개념으로 조금씩 자신의 물건을 스스로 다루게 하는 연습을 시켜봅시다.

만 3살이 된 딸아이를 위해 만든 전용공간. 거실과 부엌의 경계선에 있기 때문에 어떤 상황에서도 부모의 시야 안에 아이가 있습니다. 선반 위에는 어른들이 읽는 책들을 놓고, 중간에는 장난감들을 상자로 분류해 놓았습니다. 아래 문을 열면 크레용, 공책, 악기 등이 선반에 놓여 있습니다.

　이를 위해서라도 51페이지에서 말했듯이 아이들도 이해하기 쉽고, 사용하기 편한 「지정위치」라는 것을 만드는 것이 중요합니다. 장난감은 여기, 양말은 이 상자, 이런 식으로 아이들에게 가르쳐주시기 바랍니다.

　그리고 예를 들면 '쓰레기를 버리고 와줄래?' 라고 부탁해서 제대로 해 내면 칭찬을 해 준다거나, 그림책을 읽어준 다음 '그럼, 제자리에 갖다놓고 와' 하고 말하고 그림책을 건네준다거나, 자기 전에는 '꺼내 쓴 장난감들은 전부 ○○의 자리에 치워야지?' 라고 말하고 함께 치워주는 등, 아이들이 '해냈다' 는 성취감을 느낄 수 있도록 어머니께서도 즐거운 마음으로 이끌어주시기 바랍니다.

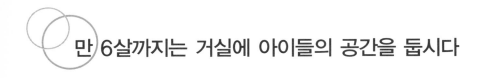

만 6살까지는 거실에 아이들의 공간을 둡시다

 한 발짝 더 진보된 아이들의 공간

만 3살이 지나면 혼자 놀거나 친구들과도 잘 어울리기 시작하고, 유치원을 다니기 시작하면서 아이들 물건이 늘어나게 됩니다. 거실에 독립적인 아이들만의 공간을 따로 만들어줘야 할 때입니다.

지금까지 사용했던 그대로 사용하셔도 좋고, 더 개조를 하셔도 좋고, 편한 대로 하시면 됩니다.

만 3살까지의 항목에서 설명했던,

❶ 주변 물건부터 독립시킬 것

❷ 정리정돈의 규칙을 만들 것

이 기본사항은 똑같습니다. 단, 물건이 늘어난 만큼 다음과 같은 사항도 유의하시기 바랍니다.

❸ 「의류」 「장난감」 「유치원이나 유아원에서 사용할 물건」을 묶음별로 나누기

대분류(묶음)로 장소를 나누고, 다시 3~5개의 바구니나 서랍으로 재분류하면 아이들 입장에서도 찾기 쉽고, 또 제자리에 갖다놓기도 편합니다. 예를 들어 아이들 옷을 어떤 장롱에 넣기로 했다면, 가운데의 주공간에는 외투를, 위 서랍에는 셔츠나 블라우스, 가운데 서랍에는 치마

나 바지, 아래 서랍에는 속옷과 잠옷을 넣는 식으로 하시면 됩니다.

아이들이 스스로 쉽게 꺼내 입거나 다시 넣을 수 있도록 복잡한 수납방법은 피하도록 하고, 간단하게 접어서 넉넉하게(70% 정도만) 채울 수 있도록 합니다.

엄마의 작업실과 딸아이의 방을 겸한, 마루에 나 있는 방에는 딸아이의 옷가지를 보관하는 서랍이 있습니다. 가장 위부터 순서대로 셔츠류, 원피스류, 바지를 넣었고, 가장 아래 단에는 속옷과 양말을 나눠서 보관했습니다. 만 2살이 됐을 쯤에는 혼자서 꺼낼 수 있게 되었고, 3살 때는 제자리에 다시 넣을 수도 있게 되었습니다. 물론 매번 성공하는 것은 아닙니다.

❹ 정리정돈의 습관 들이기

이 정도 나이가 되면 엄마가 골라준 옷은 싫고 자기가 골라 입고 싶어 하는 아이들도 나오기 시작합니다. 이럴 때는 아이가 멋대로 옷을 꺼낸 뒤 그 뒷정리를 어머님들이 하지 마시고 아이들 스스로 하게 합시다. 또한 유치원 가방이나 옷도, 아이들 손에 닿는 곳에 걸어놓기 편한 고리를 설치해서 집으로 돌아오자마자 걸어놓을 수 있도록 하는 습관을 들여주셨으면 합니다. 10번 중에 3번만 성공해도 좋으니, 제자리에 갖다놓는 행위를 혼자서 할 수 있도록 잘 이끌어주시기 바랍니다.

아직 우리 아이에겐 이르다는 생각을 하실지도 모르겠습니다만, 초등학교에 입학하기 전까지의 이런 습관이 나중에 큰 다음에도 자연스럽게 자기 할 일을 알아서 할 수 있는 아이로 성장하게 할 것입니다.

초등학생이 되면 자신만의 공간을 갖는다

 아이들 방은 거실에 접한 곳이 이상적

초등학교(만 6살)에 들어갈 무렵 책상을 사주거나 아이의 방을 따로 마련해 주는 집이 많은 것 같습니다. 저는 거실 옆에 방을 마련할 수만 있다면 그 방을 초등학교 입학을 계기로 아이 방으로 장만해 주는 것이 좋다고 생각합니다.

왜 거실 옆이냐 하면 116페이지에도 언급했듯이, 초등학교 전반기까지는 아직 가족들 곁이 안심이 되는 연령이기 때문입니다. 하지만 점차 친구들 곁에서 주로 시간을 보내기 시작하기도 하고, 학교나 학원, 도장 등에서 새로운 세상을 접하게 되기 때문에 부모와는 다른 자신만의 세계관을 갖기 시작하는 연령이기도 합니다.

아이가 부모의 모습이 보이지 않아도 그냥 가까이 있다는 것을 느낄 수 있어서 안심할 수 있는 거리, 부모는 아이가 내는 소리가 들리면서 '아, 혼자 잘 놀고 있구나' 하고 미소를 머금을 수 있을 정도의 거리. 그런 거리가 적당한 거리라 할 수 있는 연령대일 것입니다.

그런 안심할 수 있는 거리에서 자신만의 세계, 자신만의 공간을 갖고, 그곳을 부모의 도움을 받아가며 스스로 청소도 하고 자기 취향대로 꾸미면서 안락한 장소로 가꾸어 나갑니다. 이른바 사춘기 이후의 자신만의 사적인 공간, 자신의 영역을 만들어나가기 위한 연습의 장인 것입니다.

만약 거실은 1층에 있고 아이 방은 2층에 있다거나, 혹은 남쪽에 거실이 있고 그와 동떨어진 북쪽에 아이 방이 있는 상태라면, 아이 방은 사적인 물건을 보관하는 장소로 두고, 거실에 따라 아이들의 전용공간을 마련해 줄 것을 추천하고 싶습니다.

아이가 이곳에서 숙제도 하고 놀기도 하는, 가족들 곁에 있는 자신만의 공간으로 여길 수 있었으면 좋겠군요.

현관 옆에 나 있는 벽걸이식 옷걸이입니다. 아이 방에 있는 옷걸이와는 구분해서 쓰고 있습니다. 현관 옆에 나 있는 옷걸이에는 밖에서 입고 들어온 외투와 모자 등을 걸어놓습니다.

아이들 방의 규칙을 정합시다

거실 옆에 아이 방을 두실 생각이시라면, 예를 들어 「거실에서 가지 고 놀았던 장난감은 반드시 자기 방에 갖다 놓는다」「숙제는 자기 방 책상에서 한다」「빨랫감을 자기 방에 두어도 엄마가 세탁하지 않는다. ○○가 빨래바구니에 넣은 옷만 세탁하기로 한다」「정리는 자기가 한 다. 하지만 청소기를 돌릴 때는 엄마에게 부탁한다」 등등, 이런 규칙들 을 정하도록 합시다. 이런 규칙에 정답이란 따로 없습니다. 아이들과 함께 실천할 수 있는 규칙들을 생각해 보시기 바랍니다.

아이들의 전용공간을 따로 마련하기로 할 때도 기본적인 개념은 같 습니다. 별도의 장소에 아이 방을 따로 마련할 경우에는 두 장소를 용 도에 맞게 쓰게 하기 위한 규칙을 확실하게 세워야 합니다.

예컨대 숙제는 거실의 전용공간에서 해도 좋지만, 끝난 다음 학용품 은 모두 자기 방에 갖다 놓게 해야 합니다.

만 10살부터는 자신의 방이라는 자각을 갖기 시작한다

🌗 아이들 방을 전적으로 아이들에게 맡길 수 있는 연령이 10살

발달심리학에서는 만 10살을 큰 전환점으로 보고 있습니다. 아이들의 자아가 완전히 형성되고, 어른이 되기 위한 새로운 자아를 형성해 나가기 시작하며, 자신의 세계관이 본격적으로 넓어지는 시기라고 합니다.

저는 가정에서 길들이는 다양한 습관들 — 인사 등의 생활습관이나 심부름 등의 가사일, 정리정돈쯤은 10살이 되면 어느 정도 몸에 배어 있는 것이 당연하다고 봅니다. 물론 어른처럼 항상 완벽할 수는 없겠지만, 단지 기본적인 기술은 몸에 배어 있어서 따로 가르쳐 주지 않아도 자연스럽게 움직일 수 있는 상태를 말하는 것입니다.

어른이 되기 위한 첫 관문에 해당되는 10살이 되면 자기 방에 대해서 아이에게 어느 정도는 책임을 지게 합시다. 이미 그 이전부터 기초는 쌓아왔을 것이기 때문에 이 시점에서 아이에게 충분히 맡길 수 있습니다.

만약 이때까지도 거실에 아직까지 전용공간이 있다면 초등학교 고학년 혹은 중학교로 진학할 때쯤에 없애도 좋습니다. 이제 더는 어린 아이 취급하지 않아도 됩니다. 아빠나 엄마가 거실을 가족들의 공동장소로서 사용하는 것과 마찬가지로 아이들도 가족의 규칙을 제대로 지키면서 거실에서 지낼 수 있을 것입니다.

❶ 개인규칙과 공동규칙 만들기

독립된 자신만의 방을 갖는다는 것은 가족들 모두가 함께 사는 이 집에서 사생활이 허용되었다는 뜻이 됩니다. 소위 어엿한 한 인격체로 인정하는 것이기 때문에 사적인 것과 더불어 공적인 규칙도 똑바로 인식을 시키도록 합시다.

예를 들면 「거실에 가지고 나온 자기 물건은 저녁이 되면 방으로 가지고 들어간다」 「식사 후에는 곧바로 자기 방에 돌아가지 않고 뒷정리를 돕는다」 「자기 방을 완전히 단절시키지 않고, 부모님이 노크를 하면 들어가도 되는 것으로 한다」 「부모님이 부르면 방에서 나온다」 등의 규칙이 있습니다.

❷ 아이들 방은 아이들 스스로 관리하기

사춘기란 자신의 존재가 매우 중요한 시기이기도 하며, '진정한 자신의 모습이란 어떤 것일까' 하고 불안해하는 시기이기도 합니다. 바로 그런 시기에 자신의 공간을 자신의 손으로 직접 관리한다는 것은 가치 있는 일이 아닐까요? 이른바 자기영역을 만들어나가는 연습을 하는 과정에서, 자신의 영역에서는 어떤 일은 해도 되고, 가족들과 함께 지내기 위해서는 어떤 일은 멋대로 해서는 안 되는지 등의 규칙들을 부모가 가르칠 수 있는 것입니다.

만일을 위해 말씀드립니다만, 「부모는 무조건 들어가면 안 된다」는 규칙을 굳이 만들 필요는 없습니다. 「문은 열어둔다」 「노크를 하면 들어가도 된다」 등등 어느 정도의 자유를 허용할 것인지에 대해서도 의논해보시기 바랍니다.

●고등학생을 대상으로 한, 「본인의 자유의사에 맡겨도 좋다」고 대답한 비율
(일본청소년연구소 『호출기 등 통신매체조사』 1997)

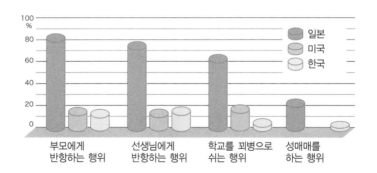

자유는 가정의 규범을 지켰을 때 비로소 의미가 있다

자유의 나라 미국에서는, 개인의 자유를 위해서는 우선 가정이나 지역사회의 규범을 지켜야 한다는 의식이 정착되어 있다고 합니다. 우리의 경우는 자유란 개인이 자기 멋대로 행동해도 된다는 뜻으로 잘못 해석하는 경향이 있는데, 그 바탕은 바로 가정의 규칙 만들기에 있는 것이 아닐까요?

언제까지 부모가 청소를?

 요즘 아이들은 자기 방을 청소하지 않는다

132페이지의 그래프를 봐주십시오. 누가 아이 방을 청소하는가에 대한 조사결과(기타우라 가오루 『세계의 아이들 방』에서 발췌)입니다. 이것을 보면 우리 아이들이 얼마나 자기 방을 청소하지 않는가를 알 수가 있습니다. 그것도 초등학교 6학년이 되어서도 여전히 엄마에게 맡기는 아이들이 과반수라는 것입니다.

아이들은 무조건 공부만 하면 된다고 하는 시대는 이미 지났습니다. 아이들에게 심부름도 시키고, 정리정돈도 스스로 할 수 있는 아이로 키우고 싶다는 말씀을 모든 부모님들께서 하십니다. 하지만 실제로는 자신도 모르게 결국 모든 뒷바라지를 하고 있는 것이 현 실정이 아닌지요.

즐겁게 할 수 있는 요리나 욕실 청소 등은 적극적으로 시키지만 아이들이 기피하는 설거지나 방 청소 등은 아무래도 뒷전으로 돌리게 되는 것 같습니다.

하지만 자기 방을 자기가 청소하는 것은 당연한 일입니다.

뿐만 아니라, 자신의 소중한 물건을 부모님이 멋대로 버리거나 중요한 편지를 읽는 일을 방지하기 위해서라도, 자기 방은 스스로 청소하겠다는 생각을 하는 것이 자연스러운 일일 것입니다.

부모는 조금씩 손을 떼야 한다

　부모님들은 아이들이 혼자서도 잘 청소를 할 수 있도록 조금씩 손을
떼야 합니다. 단계상으로는 책상을 사주는 시점부터 ①책상을 닦게 하

●누가 아이 방을 청소하는가

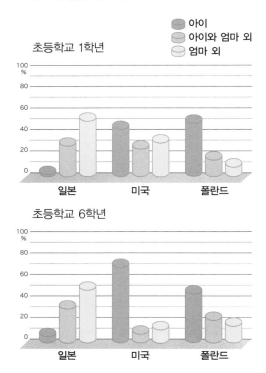

**언제까지나 자립할 수
없는 아이들**
미국이나 폴란드 아이들은
초등학교 1학년 때부터 자
기 방을 스스로 청소하는
아이들이 반이나 됩니다.
무조건 외국을 따르자고
하는 취지에서 비교하는
것은 아닙니다만, 그래도
우리는 지나치게 부모에게
의존하고 있는 것처럼 보
이지는 않습니까?

고, ②모래가 있으면 청소기를 돌리게 하는 등, 작은 청소부터 시작하도록 합시다.

서서히 정리를 하기 시작하면 청소기도 돌릴 수 있도록 조금씩 가르치면서 바닥 전체까지도 청소할 수 있도록 합니다. 가끔씩 부모님들께서도 상태를 점검하시고 아직 제대로 청소가 되지 않은 곳은 도와주도록 합시다.

중학생이 되었는데 아직도 혼자서 청소할 수 없다면 좀 부끄러운 일이 아닐까요?

아이들 방은 아이들 사양으로 맞춰야 하나

 아이들은 아이들 방을 통해 배워나간다

최근에는 색이 화려하고 재미있는 놀이시설 같이 꾸며진 방이나, 문에 손가락이 끼거나 놀다가 넘어져도 다치지 않도록 안전설계를 해 놓은 방 등, 이른바 「어린이 사양」이 큰 인기를 얻고 있습니다.

귀엽게 생긴 아동용 가구나 커튼 같은 걸 보면 저 또한 예쁘다는 생각이 듭니다. 더욱이 아이들이 다치지 않는다니 매우 바람직하다고 생각합니다.

하지만 아이들 방은 아이들을 위한 공공시설이 아닙니다. 아이들이 어엿한 어른으로 성장할 수 있도록 다양한 경험을 하는 공간입니다. 하루하루의 생활이 어떤 것인지 그리고 그 속에는 어떤 풍요로움이 있는지, 이러한 것들을 아이들은 자신의 방을 통해 배워나갑니다.

지나치게 최신 유행의 어린이 사양에만 맞추지 마시고, 아이들이 배워나갈 수 있는 여지가 있는 공간, 즉 상상하며 즐길 수 있는 여지가 있고 기지개를 켜며 성장할 수 있는 여유로운 방으로 만드는 것이 무엇보다 중요한 것입니다.

그리고 부모님들은 기본적으로는 아이 방을 일시적으로 아이들에게 빌려주고 있다는 생각을 가지고 대하시는 것이 바람직합니다.

유아기 때는 위험방지를 위한 울타리나 커버, 귀여운 가구나 장식들이 있어도 무방할 것입니다. 아이들이 떨어뜨려도 깨지지 않는 플라스틱 소재의 도구를 고르는 것도 한 방법입니다. 유치원에 입학하고, 또다시 초등학교에 입학하고, 그렇게 진학하는 과정에서 어른들이 사용

하는 도구, 어른들이 감상할 만한 물건 그리고 아이가 대학교에 들어가
도 여전히 애용할 수 있을 만한 물건들을 조금씩 들여 넣어 보는 것은
어떨까요?

아들이 초등학교 3학년이 되던 해 봄에 아이 방을 새롭게 단장했습니다. 아이가 대학생이 되어도
쓸 수 있게, 혹은 나중에 부모가 대신 쓰게 되더라도 아늑한 공간이 될 수 있도록 많은 신경을 쓰
면서 꾸며 봤습니다.

아이들 방은 아이들이 집 밖으로 나가는 날을 위해 있다

육아의 목표가 무엇이냐라고 묻는다면 저는 「아이들을 집에서 내쫓는 것」, 다시 말해 「아이들을 어엿한 어른으로 키워내 세상 밖으로 내보내는 일」이라고 대답할 것입니다.

당연히 진심으로 우리 사랑스러운 아이들이 집을 떠나기를 바라는 것은 아니지만, 부모로서 아이들의 행복을 진심으로 바라기 때문에 아이들이 언제까지나 곁에 머물러 있게 하지 않고, 부모로부터 떠나 자신의 인생을 개척해 나가기를 바라는 것입니다.

116페이지에서도 언급했듯이, 아이들 방이란 아이들로 하여금 엄마 곁을 떠나 바깥세상에서 자기 자리를 잡을 수 있게 하기 위한 중간 단계입니다. 독립, 자립이라는 말은 머릿속에서 한번쯤 생각은 해 보지만 막상 아이들을 교육할 때는 어떻게 적용해야 할지 참으로 난감하기만 합니다. 그렇기 때문에 아이들 방을 재료삼아 아이들이 집을 나서게 될 스무살(전후)이 되기 전까지 아이의 방을 어떻게 줄 것인지 그리고 어떤 규칙들을 몸에 배게 할 것인지에 대해 깊이 생각해야 할 것입니다.

안타깝게도 아이 방이 아이의 자립을 돕는 것이 아니라 아이를 언제까지나 부모 곁에 묶어두는 존재로 전락해 버린 경우를 보기도 합니다. 아이 방이 피난장소처럼 되어버려 가정 내에서 완전히 고립되어 있거나, 부모가 언제까지나 어린 아이 취급을 해서 애지중지 모든 뒷바라지를 한 것도 한 원인인 것 같습니다.

그리고 거꾸로 이를 우려한 나머지 아이 방을 아예 없애버려 아이가 이른 나이부터 집 밖에서 자기 자리를 찾게 되는 경우도 있습니다.

"아이들 방은 곧 아이들이 집 밖으로 나가는 날을 위해 있는 것이다" 이런 시각으로 바라보시면 좋겠습니다.

6장

생활 속에서 터득할 수 있는
정리능력

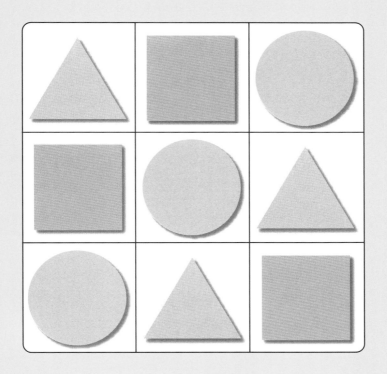

아이들이 물려받기를 바라는
어머님의 마음가짐

가정이라는 자리의 위대함은, 인간이라는 살아 숨 쉬는 육체를 가진 존재가 그 육체를 유지해나가기 위한 활동 — 먹고, 씻고, 입을 옷을 정리하거나 잠을 자는 일 등등을 하는 자리라는 사실에 있다, 저는 그렇게 생각하고 있습니다.

머리로만 생각하는 것이 아니라 손이나 몸을 사용해 구체적인 물건들을 다루면서 삶을 영위해 나가고, 그렇기 때문에 '아, 나는 분명히 이곳에 살아 숨 쉬고 있구나' 라는 실감을 하게 됩니다. 그곳에서 함께 살아가는 사람끼리 가족으로서의 깊은 마음의 연결고리가 형성돼가는 것입니다. 그리고 그곳에서 몸에 익힌 것들이 평생의 습관이 되어 자신만의 사상을 만들어나갑니다.

특히, 우리가 흔히 간과하기 쉬운 점이기도 한데, 그것은 가정에서 터득한 구체적인 신체적 작업이 「사고력」 「정리력」 「계획력」 등 추상적인 지적 능력의 기초가 된다는 점입니다. 몸소 이해한 경험들은 머리를 사용해 이해하는 일의 토대가 되며, 손을 사용함으로써 뇌는 보다 더 발달하게 됩니다. 이런 사실은 많은 전문가들도 지적한 바 있습니다.

 가사 일을 돕게 하는 것이 아이들의 능력을 길러준다

지금 이 시대에 살아나갈 아이들, 그리고 그 아이들을 키우는 부모 세대 또한 가정에서 신체적 노동을 하지 않아도 살아나가는 데 큰 지장은 없습니다. 가전제품 등의 도구나 가옥설비는 나날이 진화하고 있으며, 맛있고 다양한 음식들이 판매되고 있는 등, 집에서 가사 일을 하지 않아도 되게끔 시대가 변했기 때문입니다.

부모의 입장에서는 앞을 내다볼 수 없는 세상에서 아이들에게 보다 더 안전한 미래를 준비해 주기 위해 집안일보다는 학원이나 도장에 보내는 것이 우선이라는 생각을 어쩔 수 없이 하게 됩니다.

하지만 아무리 그렇다고 해도 어린 시절에는 반드시 손이나 신체를 움직이는 일을 할 필요가 있습니다. 그것도 흔히들 말하는 외출이나 캠핑 같은 경우가 아닌, 생물체로서 자신의 육체를 쾌적하게 하기 위해 필요한 작업을 하는 데 큰 의미가 있는 것입니다.

 부모와 자식이 함께 즐기는 정리정돈

정리정돈이라고 하는 지극히 일상적인, 그리고 현대적인 가사 일을 자녀들에게 적극적으로 시키십시오. 부모님들도 가사 일은 귀찮은 일이 아닌, 살아가기 위해 하는 즐거운 일이라는 자세를 가지고 아이들과 함께 즐기시길 바랍니다.

이 일은 반드시 아이들의 내재된 다양한 능력들을 끌어내는 계기가 되어줄 것입니다.

정리정돈 작업 그 자체에 관해서는 이미 다른 장에서 상세하게 설명을 해 왔습니다. 이번 장에서는 정리정돈과 관련된 주변 가사 일이나 가정의 마음가짐에 대해서 다루고자 합니다.

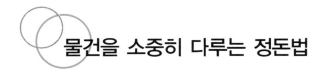

물건을 소중히 다루는 정돈법

 물건을 치우면서 배운다

물건을 소중하게 다룬다는 것은 어떤 것일까. 저는 물건을 소중하게 다룬다는 것은 아낌없이 사용하는 것, 그리고 사용할 때 조심스럽게 다루는 것이라고 생각합니다. 그리고 옛날 사람들이 확실히 물건을 소중하게 다루기는 했구나라는 생각이 드는 것은 연세가 많으신 어르신들이 물건을 치우시는 모습을 봤을 때입니다.

벗은 옷을 치울 때는 하루 동안 입으면서 스며든 습기를 제거하고, 표면의 얼룩이나 먼지들을 깨끗하게 닦은 다음, 주름지지 않게 접어서 보관합니다. 1년에 몇 번 쓰지 않는 소중한 식기들을 치울 때는 천으로 감싸서 조심스럽게 치우고, 선풍기 등은 깨끗하게 닦은 다음 커버를 씌워서 다락방에 보관하기도 합니다.

 정리정돈 시의 작은 배려가 기분 좋은 생활을 만든다

매일 사용하는 물건이더라도 일단 치울 때 약간의 신경만 써줘도 물건을 오래 쓸 수 있거나, 사용할 때 기분 좋게 사용하실 수가 있습니다.

바쁜 나날을 보내면서 항상 신경을 쓴다는 것은 어렵다손 치더라도 일단 작은 규칙들만이라도 아이들에게 알려주도록 합시다. 아래에 있는 사항들은, 최소한 이 정도만큼은 가르쳐주셨으면 하는 사항들입니다.

❶ 더러워진 옷은 깨끗한 옷과 함께 두지 않는다

얼룩이나 먼지를 다른 옷에 옮기지만 않아도 옷들을 오래 입을 수가 있습니다.

❷ 옷을 대충 말아서 처박아놓지 않는다

간단하게만 접어도 좋으니 꼭 습관으로 몸에 배게 했으면 합니다.

❸ 가방을 벽걸이에 걸 때는 내용물을 꺼낸 다음에 건다

무거운 내용을 계속 넣어두면 가방도 상하고 벽걸이도 금세 떨어집니다.

❹ 모자나 외투 등 모양이 망가지는 물건들은 벗어놓은 채로 두지 않는다

모자걸이나 외투 전용 옷걸이 등을 준비해서 아이가 직접 걸어놓게 합시다.

❺ 서랍에는 가득 찰 때까지 물건을 넣지 않는다

위에서 억지로 구겨놓으면 내용물들이 상하게 됩니다. 어른도 자주 저지르게 되는 실수이긴 합니다만, 이럴 때를 위해 「서랍이 잘 안 닫히게 되면 내용물을 총점검한다」는 규칙을 만들어도 좋을 것 같습니다.

❻ 서랍 밑바닥을 가끔씩 청소한다

수납장소 자체가 더럽다면 그곳에 치울 물건들도 더러워지겠죠?

❼ 너무 더러워지기 전에 한 번씩 세탁을 하도록 한다

신발, 체육복, 잠옷 등은 아직 덜 더러울 때 세탁을 맡겨놓으면 오래
도록 깨끗한 상태로 유지할 수 있다는 사실을 가르쳐줍시다.

아이들에게 전할 마 음 가 짐 | 물건을 소중하게 다룬다는 것은 조심스럽게 다루면서도 아낌없이 사용하는 것이란다.

의복교체는 연 2회의 연례행사

 아이들 옷을 함께 점검하는 일부터 시작하자

어느 가정에서나 에어컨을 쉽게 볼 수 있는 지금은 환절기 의복교체를 하지 않는 집도 있을지모르겠습니다만, 단순한 여름옷·겨울옷의 복장교체와는 다른 의미에서 이 습관은 큰 도움이 되는 연례행사입니다.

연 2회, 공기가 건조한 잘 갠 날을 골라 장롱에 있는 옷들을 일단 모두 꺼내서 총점검하는 날을 정하도록 합시다. 즉, 필요 없는 옷이 있는지를 재점검하는 날을 따로 정하는 것입니다.

부모와 아이들의 옷을 동시에 점검하면 많이 힘이 들기 때문에 우선은 아이들과 함께 아이들의 옷만 먼저 살펴보는 것이 편할 것입니다.

아이들의 의견도 물어보면서

❶ 이제 입지 않을 옷
❷ 다음 계절까지 치워둘 옷
❸ 계속해서 입을 옷

으로 일단 분류를 합니다. 특히 「이제 입지 않을 옷」을 버릴 때는 부모가 멋대로 정하지 말고 더 이상 안 입을 것인지 여부를 아이의 판단에 맡깁시다.

다음 계절까지 치워둘 옷들은 세탁소에 맡길 것인지, 또는 그늘에 말린 다음 치울 것인지를 정할 때 아이들에게 몇 번을 입었는지를 물으면서 정하면 더욱 좋습니다.

그러는 과정에서 「아, 외투는 몇 번 정도 입은 건 세탁소에 맡기지 않아도 되는구나」 하고 새로운 사실들을 배우게 됩니다.

옷가지를 교체하면서 '이 옷은 2년 전에는 컸는데 벌써 못 입게 돼 버렸네. 그 동안 꽤 컸구나' 하고, 아이들이 스스로의 성장에 대해 이야기를 나누는 시간을 갖게 된다는 것도 이 행사의 즐거운 점이라 할 수 있습니다.

부모님들께서는 쉽게 할 수 있는 아이들 옷 점검을 시작으로 하여, 아이 옷보다 더 헷갈리는 자신의 옷까지도 확실히 총점검할 수 있는 계기가 되시길 바랍니다.

●환절기 의복 교체는 3패턴으로 생각해 볼 수 있다

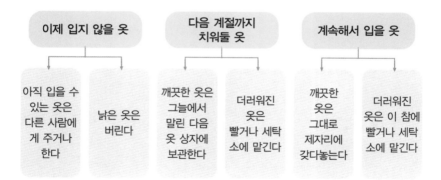

이제 입지 않을 옷		다음 계절까지 치워둘 옷		계속해서 입을 옷	
아직 입을 수 있는 옷은 다른 사람에게 주거나 한다	낡은 옷은 버린다	깨끗한 옷은 그늘에서 말린 다음 옷 상자에 보관한다	더러워진 옷은 빨거나 세탁소에 맡긴다	깨끗한 옷은 그대로 제자리에 갖다놓는다	더러워진 옷은 이 참에 빨거나 세탁소에 맡긴다

아이들에게 전할 마 음 가 짐 │ 연례행사는 생활 사이클을 원활하게 순환시키기 위한 장치와 같은 것이란다

원하지 않는 일을 피하기 위한 규칙

 원하지 않는 일을 피하기 위해서는

110페이지에서 「엄마에게 세탁을 부탁할 때를 위한 규칙」에 대해 설명 드렸던 걸 기억하시나요? 가정을 비롯한, 여러 사람들이 함께 지내야 하는 자리에는 서로에게 어떤 일을 부탁할 때를 위한 규칙이라는 것이 있습니다. 「식사는 가족들이 한 자리에 모인 다음에 시작한다」 「전철에서는 노약자 분들에게 자리를 양보한다」 등의 규칙이 이에 해당됩니다.

그리고 서로가 기분 좋게 지낼 수 있는 자리에는 성격이 다른, 또 다른 규칙이 있습니다. 바로 「원하지 않는 일을 피하기 위한 규칙」입니다. 예를 들어 이웃집과의 관계에서는 「밤 9시가 지나면 피아노를 치지 않는다」 등의 규칙이 이에 해당될 것입니다.

하지만 어떤 일을 하지 않기를 바라는 일은 **뺄셈**의 발상이기 때문에 좀처럼 인식하기가 어렵고, 모든 구성원이 함께 공유하기가 힘들다는 측면도 있습니다. 소음문제가 같은 동네에서 큰 문제로 대두되었을 때에야 비로소 「피아노를 치거나 큰 소리로 떠드는 것은 밤 9시까지」라는 약속이 성립될 수가 있는 것입니다.

 뺄셈의 규칙도 가족 차원의 습관으로 만들자

가정내에서도 이 **뺄셈** 규칙의 소중함을 일상생활을 통해 아이들에게 가르칠 수 있도록 합시다. 「빨랫감은 빨래바구니에 넣어야 세탁을 해준다」라는 규칙은, 바꿔 말하면 곧 「세탁을 원하지 않는 옷은 스스로 빨래바구니에 넣지 않는 이상 세탁을 해주지 않는다」는 규칙이 되기도 합니다.

●가정 속의 「빼기의 규칙」 사례

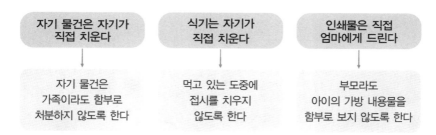

자기 물건은 자기가 직접 치운다	식기는 자기가 직접 치운다	인쇄물은 직접 엄마에게 드린다
자기 물건은 가족이라도 함부로 처분하지 않도록 한다	먹고 있는 도중에 접시를 치우지 않도록 한다	부모라도 아이의 가방 내용물을 함부로 보지 않도록 한다

아이들에게 전할 | 엄마가 자기 물건에 함부로 손을 대는 것이 싫으면
마 음 가 짐 | 자기가 알아서 할 일을 하도록 규칙을 만들자

바람직한 구매방법을 알려주자

 잘 사고, 잘 쓰고, 잘 버리자

다음 페이지의 생활 사이클 그림을 다시 한 번 봐주시기 바랍니다.

생활 속의 물건이란 비단 집 안에서만 순환하는 것은 아닙니다. 쓰고 치우고를 반복하며 순환시키는 과정에서 버릴 물건이 나오거나 더 충당시켜야 할 물건이 생기거나 해서, 늘 외부의 물건도 출입을 하면서 사이클이 돌아가고 있습니다.

이 외부 물건의 출입이 이루어지면서 생활이라는 사이클이 돌아가고 있다는 것, 표면상으로는 평소와 다를 것이 없어보여도 사실은 멈춰 있지 않고 끊임없이 돌고 있다는 사실이야말로 곧 생활의 활기에서 오는 기쁨으로 이어지고 있는 것입니다.

저는 그래서 무조건 낭비를 줄이고 가급적 적은 물량으로 오래오래 소중하게 사용하는 것만이 꼭 마음의 윤택함을 추구하는 생활방식이라고는 생각하지 않습니다. 잘 사서, 잘 쓰고, 잘 버리는 것. 이 순환을 활기차게 영위하고 있는 이미지를 그리면서 하루하루를 보내시기 바랍니다.

에도시대* 사람들은 음식이나 연극 등 1회성 물건에는 돈을 아끼지 않는 한편, 옷이나 도구 등 계속해서 사용할 물건은 그 가게 앞을 3번 지났을 때 다 팔려나가면 포기를 할 정도로 신중하게 구매를 결정하도

---

*에도는 지금 도쿄 일대의 옛 명칭. 1603년부터 1867년까지 약 250여년 동안 이어진 봉건시대로, 막부의 소재지가 에도에 있었기 때문에 오늘 날 이 명칭으로 불리고 있다.

록 부모로부터 교육을 받았다고 합니다. 그런 지혜로운 구매방법을 아이들에게 가르쳐주셨으면 좋겠습니다.

바람직한 구매방법의 사례

- 「그렇게 꼭 사고 싶으면 집에 돌아가서 한 번 더 생각을 하고 난 다음에 다시 사러 올까?」
- 「물건에는 인연이라는 것이 있으니까 정말 마음에 든 물건을 만났을 때 사는 것도 좋은 방법이란다」
- 「금방 싫증날 것 같은 물건은 사지 말자」
- 「앞으로 몇 년 동안 사용할 것을 생각하고 사렴」

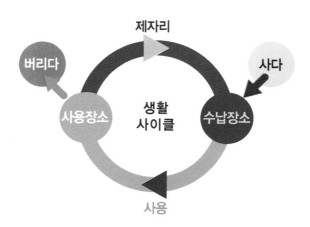

아이들에게 전할 마음가짐 | 물건을 현명하게 잘 사는 사람은 머리도 좋은 사람이란다

아이들은 부모의 진심만을 받아들인다

 버리겠다고 할 때는 정말로 버릴 각오를 해야 한다

어지럽혀진 방을 앞에 두고 아이들에게 야단칠 때 '안 치우면 다 버릴 거야'라고 말씀하시는 부모님들이 적지 않게 계십니다. 하지만 이런 최후통첩도 별로 효과가 없다는 느낌을 받으셨을 것입니다.

간혹 그렇게 하면 서둘러 치우기 시작한다고 하시는 경우도 있기는 합니다만, 그렇게 말씀하시는 어머님들의 경우는 정말로 버린다고 합니다. 하루는 정말로 쓰레기통에 버렸더니, 그 이후부터 아이가 치우게 되었다고 했습니다.

요컨대 아이들은 부모가 얼마나 진지하게 말하고 있는지를 느낄 수가 있다는 얘기지요. 버리겠다고 했을 때 정말로 버릴지 안 버릴지 아이에게 시험받고 있다는 것입니다. 속으로 우선은 이렇게 연기를 하고 나중에 주워와야겠다는 생각을 하실 때면 아이들은 어김없이 그 부모의 진심을 꿰뚫어봅니다.

 진심만이 아이들의 마음에 스며든다

아이들을 칭찬하거나 야단을 치는 육아행위도 표면적인 기술만으로는 전혀 쓸모가 없을 것입니다. 오로지 부모의 진심만이 아이들의 몸과 마음에 깊이 스며들면서 아이들에게 받아들여질 것이라 생각합니다.

진지해진다는 것은 상당한 에너지를 필요로 하는 일이기는 합니다

만, 한 번만 진지해지면 되기 때문에 사실은 매우 효율적이라 할 수 있
겠습니다. 몇 번씩이나 같은 일을 반복하는 건 부모에게나 아이에게나
스트레스만 쌓일 뿐입니다.

> **이럴 때 진심으로 말하고 있습니까?**
>
> ● 「~하지 않으면, ~도 없다」 (안 치우면 간식도 없다, 등)
>
> ● 「전철에서 떠들면 안 돼」
>
> ● 「또 벗어놓은 채로 뒀네. 빨래바구니에 똑바로 넣어야지」
>
> ● 「지금 당장, ~하렴」
>
> ● 「~하는 것은 이제 그만해」

아이들에게 전할 마 음 가 짐 │ 엄마가 진지하게 말할 때는 엄마 말을 들어라

옮기고 나서

언젠가 일간지에서 '가방 정리만 잘해도 성적이 오른다'는 기사를 읽은 적이 있습니다. 헤드카피만 읽고도 '맞아!' 하고 크게 수긍했던 기억이 납니다. 대부분의 아이들은 초·중·고등학교 12년 동안 가방 속 물건들과 힘겨운 전쟁을 치러야 했으니까 말입니다.

저자는 아이들 가방 속 정리에서 책상 정리, 방 정리 등 정리정돈의 기술을 쉽고 구체적으로, 게다가 그림과 도표를 곁들여 이 책에 일목요연하게 '정리' 해 놓았습니다. 저자가 제시한 다양한 훈련을 부모와 아이가 놀이하듯 하나씩 익혀가다 보면 자연스럽게 정리 습관이 몸에 배어 굳이 따로 시간을 내어 정리를 할 필요가 없어질 것입니다.

게다가 정리하는 동안 머리가 좋아지고, 저절로 학업 성적도 오른다니 일석이조, 아니 일석삼조가 아닐는지요?

이 책은 저자가 2000년에 어른들을 위해 쓴 『버리는 기술!』의 어린이 판이라 해도 좋을 것입니다. 이 책『정리만 잘해도 성적이 오른다』에도 저자가 가진 '풍요로운 시대의 새로운 생활철학'이 그대로 담겨 있기 때문입니다.

부모들은 물건으로 넘쳐나는 풍요로운 현대를 사는 우리 아이들에게 현명하게 버리는 기술을 일찍부터 몸에 배게 해야 합니다. 잘 버리는 것이야말로 정리정돈의 첫걸음이고 행복에의 지름길이라고 저자는 말합니다.

아이들 정리는 습관입니다. 나아가 정리는 인생 공부이기도 합니다. 정리 속에는 인생의 모든 것이 담겨 있기 때문입니다.

—김 숙

다쓰미 나기사(辰巳 渚)

1965년 생. 오차노미즈여대 졸업 후, 편집, 기자를 거쳐 프리랜서 마케팅플래너, 집필자로 독립하여 풍요로운 시대의 새로운 생활철학을 제창한 『버리는 기술!』(2000년)은 100만 부의 베스트셀러가 되었습니다. 사람들의 생활을 「소비(물건을 대하는 방법)」 「집」 「행동규범」 등 다양한 각도에서 파고들어 구체적인 제안들을 계속해서 책으로 펴내고 있습니다. 2008년부터는 "life literacy"를 터득하는 것을 지향하는 「가사 학원」을 주재하여 아동환경 조언자로서도 활동하고 있습니다. 『아이들의 능력을 길러주는 하루하루의 규칙』 『아이들의 능력을 길러주는 2가지 심부름』 『어른의 보증서-이렇게 할 수 있어야 어른이다』 『인사를 할 수 있다! 뒷정리도 할 수 있다!』 등의 저서가 있습니다.

김 숙

동국대학교 교육학과를 졸업하고 일본에서 공부하였습니다. 그림책 전문서점을 열어 좋은 그림책 읽기 모임을 만들었고, SBS의 애니메이션 번역을 거쳐 현재는 출판 기획과 번역을 하고 있습니다. 『언제까지나 너를 사랑해』 『헝겊 토끼의 눈물』 『마지막 마술』 『펭귄표 냉장고』 『날지 못하는 반딧불이』 『작은 개』 『100층짜리 집』 등의 어린이 책을 우리말로 옮겼습니다. 1999년 《문학동네》 신인상을 받았으며, 소설집 『그 여자의 가위』가 있습니다.

정리만 잘해도 성적이 오른다
-머리가 좋아지는 정리정돈

지은이 | 다쓰미 나기사   옮긴이 | 김 숙
초판 1쇄 발행 | 2009년 7월 7일
초판 2쇄 발행 | 2009년 10월 15일
펴낸이 | 최용선   펴낸곳 | 도서출판 **북뱅크**
등록 | 제 1999-6호
주소 | 인천광역시 부평구 십정동 441 종근당빌딩 501호
전화 | (032)434-0174 / 441-0174
팩스 | (032)434-0175   이메일 | bookbank@unitel.co.kr
ISBN 978-89-89863-79-3 03370